TOTS ELS COLORS DE LA LLENGUA

Mariona Casas
Agustí Danés

Fotografies: Jordi Cabanas

Edicions l'Àlber

Primera edició: març de 2004

Disseny de la coberta i muntatge: Albert Bonvehí
Fotografies de la coberta i contracoberta: Jordi Cabanas
Correcció: Marta Griera

Amb la col·laboració de Dolors Solà

Apartat de Correus 366
08500 Vic
Tel. 938 892 634
Fax. 938 869 394
alber@e-alber.com
www.e-alber.com

ISBN: 84-88887-83-3
Dipòsit legal: B-10913-2004

Impressió: BIGSA

"Quan una persona es veu forçada a deixar la seva terra i arriba a un altre espai, el que mai li passa pel cap és d'imposar-hi res de res. En el cas més desesperat, perfectament comprensible i respectable, intentarà la supervivència sense perdre cap arrel. Però el més normal i previsible és que vulgui obrir les portes (si el deixen) a noves adquisions, llengua inclosa. ¿Quina llengua? La que trobi al seu voltant, òbviament, i no pas l'amagada. Adquirirà, doncs, la llengua que li permeti sobreviure, progressar i relacionar-se amb l'entorn."

Jesús Tuson

(*Patrimoni natural. Elogi i defensa de la diversitat lingüística.*
Empúries, 2004)

Índex

Pròleg

Josep Tió, director d'Edicions l'Àlber, em va donar una gran alegria el dia que, amb motiu del 10è aniversari de l'Editorial, em va dir que havia pensat de publicar un llibre sobre el projecte «Parlem una estona», impulsat pel Centre de Normalització Lingüística d'Osona en col·laboració amb la Delegació Comarcal d'Òmnium Cultural. Vaig pensar que era una bona forma de divulgar una experiència que valoro com a extraordinàriament positiva. Per això, ara, em complau molt de prologar el volum que teniu a les mans, en què Mariona Casas i Agustí Danés expliquen una experiència que he viscut de prop. *Tots els colors de la llengua* narra l'aventura d'un grup de persones que es troben per parlar: parlar en català. Els autors, tots dos excel·lents periodistes, han sabut transmetre amb amenitat i amb fidelitat les característiques i els valors essencials d'aquest projecte.

Els protagonistes de *Tots els colors de la llengua* són, d'una banda, persones que estan aprenent a parlar català, les quals, en general, fa poc temps que viuen aquí i, de l'altra, persones que ja el parlen i volen ajudar els altres a parlar-lo. Des del Centre de Normalització Lingüística d'Osona ens limitem a posar-los en contacte per tal que es coneguin i que, per parelles o per petits grups, es trobin per conversar. Aquest projecte, relativament senzill i fàcil, anomenat també «voluntariat lingüístic», es proposa dos objectius bàsics: d'una banda, fer de la llengua catalana la llengua de comunicació, la llengua d'ús vehicular i, de l'altra, assolir un interreconeixement entre els dos tipus de participants. Aquests dos objectius estan plenament relacionats, de manera que un no s'acompleix sense l'altre. La idea bàsica que inspira el projecte és que els aprenents adquireixin fluïdesa lingüística i que coneguin l'entorn; també que els catalanoparlants adquireixin consciència de la importància de mantenir l'ús social de la llengua i que, per tant, actuïn conseqüentment. Alhora, es procura que tots plegats, aprenents i voluntaris, participin conjuntament en diverses activitats, com ara excursions, visites a entitats ciutadanes, etc. El compromís concret a què s'avenen ambdues parts és trobar-se un cop a la setmana, com a mínim, per parlar en català, al llarg d'un període d'uns sis mesos.

Llegint el relat de les experiències dels participants que fan els dos autors del llibre, el lector s'adonarà que es tracta d'un bon sistema per a complementar l'aprenentatge de l'aula amb la pràctica al carrer. Aprendre una llengua és, sobretot, aprendre a comunicar-se. Això vol dir dominar les estratègies necessàries per a relacionar, d'una manera eficaç i autònoma, les estructures gramaticals que s'han après a l'aula amb les funcions comunicatives (preguntar, demanar, descriure, etc.) que es materialitzen en situacions reals molt diverses de la vida quotidiana.

El projecte també ha servit perquè els participants catalanoparlants prenguessin més consciència de la seva responsabilitat individual en relació al coneixement i a l'ús socials de la llengua. L'esforç d'aprendre una llengua i de fer-la servir no ha de recaure solament en les persones que vénen a viure al nostre país, sinó que ha de ser concebut com una gran tasca col·lectiva que exigeix la mobilització i la complicitat del conjunt de la societat. La llengua és un bé comú que hem heretat, que cal preservar i que tots hem de contribuir a transmetre.

El lector s'adonarà que, al llarg del llibre, les persones entrevistades procedents de la nova immigració manifesten clarament una voluntat de participar en la vida social, de conèixer l'entorn i de fer amics amb la gent d'aquí. D'altra banda, les activitats que han generat les relacions amb les seves parelles lingüístiques els han permès d'experimentar situacions diverses que els han facilitat la integració en la societat d'acollida. La llengua ha esdevingut, així, un mitjà que els ha obert el camí cap a la inclusió social. Aquest fet ha reforçat la seva motivació, que és un factor fonamental de tot procés d'aprenentatge. D'aquesta manera, la llengua ha adquirit per a ells un valor instrumental i emotiu alhora.

El lector descobrirà que tots plegats, acollits i acollidors, aprenents voluntaris i ensenyants, han realitzat moltes activitats conjuntes que han constituït, per als uns, una introducció personalitzada a la societat d'acollida, i, per als altres, una ocasió de conèixer el bagatge cultural i lingüístic dels nouvinguts. Aquesta experiència demostra que la implicació de la societat civil en l'acollida de la nova immigració fomenta la cohesió social i contribueix a definir un model de convivència basat, més enllà de la tolerància, en els principis de la llibertat i de la solidaritat.

En aquest projecte, tothom hi participa de manera lliure i solidària. La voluntat de les persones nouvingudes d'aprendre la llengua del país que els acull demostra que fan un esforç per adaptar-se aquí, sense que aquest fet comporti una renúncia a la seva identitat d'origen. Ben al contrari: a aquesta identitat d'origen, hi sumen la identitat d'acollida. La llengua no es pot desvincular de la identitat ni del sentit de pertinença. Tanmateix, la identitat no s'ha de limitar pas al lloc d'origen, sinó que pot ser múltiple, complexa i alhora enriquidora. En canvi, l'antagonisme o la incompatibilitat d'identitats desassossega els individus i fa que les societats esdevinguin més conflictives. Els aprenents de català que han participat en el projecte s'han sentit escoltats i, gràcies a l'ajuda de les seves parelles lingüístiques, s'han sentit formar part del nostre entorn social, de la nostra conversa col·lectiva, i d'aquesta manera s'han començat a identificar amb el nostre país.

Confio que, després de llegir *Tots els colors de la llengua,* el lector sentirà la necessitat d'implicar-se activament en la tasca de promoure l'ús social de la llengua, que és un aspecte essencial que ha d'acompanyar la integració de la nova immigració.

Dolors Solà i Noguera
Directora del Centre de Normalització Lingüística d'Osona
Vic, febrer de 2004

Introducció

Aquest diumenge, 29 de febrer de 2004, ha estat un dels dies més gèlids de l'hivern. A Sant Feliuet de Savassona, una ermita romànica situada al terme municipal de Tavèrnoles, encara hi queden restes de la neu que fa uns dies va enfarinar tota la comarca d'Osona. Però a l'Olga Chouchkova, de Rússia, i a en Roger Rapp, la Yakski Vadeboncoeur i la seva filla Jocelyn, una família del nord de Califòrnia, ni la neu ni el fred no els espanta. En canvi, a l'Adomako Kwaku, de Ghana, i a en Khalid Elmhokhtari, del Marroc, les baixes temperatures els vénen de nou. Ells van néixer en països càlids i encara no estan acostumats que el mercuri dels termòmetres se situï per sota dels zero graus.

L'Olga, en Roger, la Yakshi, la Jocelyn, l'Adomako i en Khalid viuen a Vic i són sis dels divuit protagonistes de *Tots els colors de la llengua*. A tots divuit, en instal·lar-se a la capital d'Osona, els va sorprendre que hi hagués tanta boira i, a algun d'ells, fins i tot que a l'hivern hi fes tant fred:

—Estic glaçat! —s'exclama en Williams D'Nong, ficant-se les mans a la butxaca. Ell és de Costa d'Ivori, un estat africà situat a la part occidental del golf de Guinea.

—A Alemanya hi neva cada hivern —explica la Jenny Köhler—, natural de Colònia que, previsora, porta una bufanda lligada al coll.

—La neu m'agrada, però la boira no tant —afegeix en Tijani Alloui, que és marroquí, mentre es corda la cremallera de l'anorac fins a dalt de tot.

A la comarca d'Osona la neu no és pas que hi sigui molt freqüent, però, en canvi, la boira forma part del paisatge de cada hivern. Almenys a la plana de Vic, que vista des de les muntanyes que l'encerclen, sovint sembla un llençol farcit de cotó fluix. Aquesta singularitat, que en un primer moment pot sorprendre els forasters, ara l'han assimilat els qui fa un cert temps s'hi han establert. Aquest és el cas de l'Olga (Rússia), en Roger, la Yakshi i la Jocelyn (Califòrnia), l'Adomako (Ghana), en Khalid (Marroc), en Williams (Costa d'Ivori), la Jenny (Alemanya) i en Tijani (Marroc), i dels altres nou nouvinguts que també apareixen en aquest llibre: l'Aziz Bouziane (Marroc), en Babacar Sine (Senegal), la Luz Montoya (Colòmbia), la Sandra Robert, la Marisa Amici i la Gabriela Calvar (totes tres d'Argentina), i la Piedad Rubio, la María Ángeles Álvarez i la María Luisa Membrive (filles de Granada, Salamanca i Alacant, respectivament).

Els protagonistes de *Tots els colors de la llengua* són naturals de deu països dels continents europeu, africà i americà, parlen llengües molt diverses i procedeixen de realitats culturals molt diferents; n'hi ha que fa dècades que són aquí i d'altres que van arribar fa tot just uns mesos, però tots divuit tenen, almenys, un denominador comú: que ja parlen català.

A partir d'ara, més d'un, de denominador comú. Perquè bona part d'aquests nouvinguts no s'havien vist mai i ara ja s'han fet amics d'ençà de l'excursió organitzada a Sant Feliuet de Savassona. La sortida va ser concebuda, justament, perquè els protagonistes del llibre es coneguessin entre ells. Però no tan sols els immigrants, sinó també les respectives parelles lingüístiques; és a dir, els osonencs i osonenques que hi conversen setmanalment per facilitar-los l'aprenentatge i la pràctica oral del català.

—Avui farem una mica de geografia i d'història —diu en Miquel Saborit, la parella lingüística d'en Tijani Alloui. En Miquel, membre de la Unió Excursionista de Vic, és un dels ermitans de Sant Feliuet de Savassona. Des de fa uns mesos, en Tijani li fa d'ajudant i ja es coneix l'ermita pam a pam. Per això l'excursió s'ha programat a Sant Feliuet, perquè tots dos puguin fer de guies a la resta de les parelles lingüístiques.

—Venim pràcticament cada diumenge —diu en Tijani—. Quan arribem, el primer que fem és posar la bandera catalana perquè la gent sàpiga que ja és obert.

De fet, per a en Tijani, Savassona és com la seva segona casa. En Miquel l'hi va dur al principi que es van conèixer i des d'aleshores l'ha acompanyat a fer d'ermità quasi cada cap de setmana. En Tijani ha escoltat amb tant d'interès els comentaris que en els últims mesos en Miquel ha fet als visitants de l'ermita, que ara ja s'atreveix a explicar —en català, naturalment—, la història d'aquest indret. Avui se'l veu feliç, especialment per l'atenció que li presten tots els assistents, tant autòctons com nouvinguts.

—Sabíeu que Sant Feliuet és conegut com *Sant Feliu l'africà*? —pregunta en Miquel.

—Sant Feliu era amazigh! —respon en Tijani, que també n'és. Sant Feliu va ser un màrtir cristià, que va morir a Girona, però que havia nascut a Algèria i que, per tant, és d'origen africà.

—Com que aquesta ermita és tan petita, li diem Sant Feliuet —afegeix en Miquel.

—Aquí cada diumenge és ple de gent! —remarca en Tijani—. Abans de conèixer en Miquel no havia visitat mai l'ermita. De fet, no sabia ni que existia. Ara ja sap que és un dels indrets de la comarca més concorreguts pels excursionistes i que, a més, casualment, el sant que s'hi venera és d'origen amazigh, com ell.

Mentre en Tijani fa de guia, la Yakshi fulleja un diccionari català-anglès de butxaca per dilucidar què és el gres; en Williams esgota tot el rodet fent fotos als nous amics i l'Olga no dóna a l'abast filmant el paisatge que s'albira des de Savassona. També enregistra el vistós pantocràtor pintat al sostre de la volta de l'ermita. Just a sota, a l'altar, hi ha un llibre de visites, on tothom que puja a Sant Feliuet hi pot signar. Aquest diumenge, les pàgines del llibre han recollit dedicatòries en llengües força diferents:

—*My name is* Jocelyn.

(...)

—*Nech kanaye* Khalid.

(...)

—*Ich heisse* Jenny.

(...)

—*Befrem* Williams.

(...)

—*Mena zobyt* Olga.

(...)

Després de signar, l'Olga agafa de nou la càmera i continua filmant. Vol immortalitzar les noves amistats que ha fet durant aquesta excursió. Per la seva cinta hi desfilen bona part dels protagonistes d'aquest llibre. A simple vista, només són imatges de gent: gent abrigada, gent alegre, gent atenta, gent que camina, gent que escolta, gent que observa... aparentment, només és gent, però cada persona que hi apareix té un nom, un cognom i una identitat, tant col·lectiva com individual: una cultura, uns sentiments, unes arrels, una trajectòria i uns objectius.

La càmera de l'Olga ha captat només les imatges del present, però tothom sap que la vida no és només ara i aquí, és a dir, avui i a Sant Feliuet de Savassona, sinó també el passat viscut i el futur per construir. I aquest llibre és un viatge per les vides de divuit persones que s'han ofert a explicar el seu itinerari personal. I ho han fet en català, amb més o menys traça, però en la llengua que han après vivint el present d'aquí; la llengua que els ha permès fer noves coneixences i arrelar en un país inicialment desconegut.

El fil conductor dels protagonistes de *Tots els colors de la llengua* és l'ús del català com a vehicle de comunicació. Tots els personatges que hi apareixen han decidit posar fil a l'agulla per aprendre la llengua d'aquí. Per això, el llibre només s'ha encarregat de descabdellar els seus particulars relats. Són petites històries que esquerden grans prejudicis culturals.

Adomako

—Jo em dic Adomako. Jo tinc 34 anys.

Pronunciar el seu nom i revelar la seva edat van ser les dues primeres frases que l'Adomako Kwaku va aprendre a dir en català. Després de memoritzar-les (per fer-ne ús en ocasions posteriors), l'Adomako també va aprendre a formular les preguntes, és a dir, a demanar el nom i l'edat dels seus interlocutors:

—I tu com et dius? I tu quants anys tens?

Aquesta conversa la va mantenir per primera vegada fa dos anys, quan va començar a assistir als cursos de català del Centre de Normalització Lingüística d'Osona. Feia un any que s'havia instal·lat a Vic, després de viure una dècada a Alemanya. L'Adomako és de Ghana, a l'Àfrica occidental, i va deixar el seu país, com la immensa majoria d'immigrants, per aspirar a una vida millor. Agraeix a la seva mare que insistís perquè els seus cinc fills estudiessin «o un ofici o una carrera»: ell va fer mecànica, a Alemanya hi va emigrar per guanyar-se la vida com a mecànic i ara treballa en un taller de reparació de cotxes de Gurb.

L'Adomako no hi entén un borrall de castellà. Parla àkan (un dels dialectes sudanesos de Ghana), anglès (la llengua oficial d'aquest país) i alemany. A Vic viu amb el seu germà, que fa cinc anys que s'hi va establir, i que sí que sap castellà, però en canvi, no parla gens el català: «Ell es pensa que no el necessita, però jo tinc clar que sí», diu, excusant-lo. Quan l'Adomako va arribar a Vic, va buscar una oficina on aprendre castellà: «Em van dir que no n'hi havia cap!», recorda. Això el va sorprendre. «Encara no sabia que aquí es parlava català. Però tothom em va dir que jo havia d'aprendre català, que era bo per trobar feina». El primer any de viure a Vic no va tenir ocasió d'apuntar-se a cap curs: va ser autodidacte i es feia entendre «com podia». Des que es va inscriure al Centre de Normalització Lingüística, les frases van començar a tenir sentit: «Jo em dic Adomako. Jo tinc 34 anys».

En realitat, l'Adomako Kwaku no es diu Adomako Kwaku, sinó Kwaku Adomako. Adomako és el seu cognom, i Kwaku el nom de pila, que en la seva llengua, l'àkan, vol dir dimecres. L'Adomako va néixer el 24 de desembre de 1969 i el dia del seu natalici s'esqueia en dimecres. Per això li van posar aquest nom, Kwaku, tot i que ell es fa dir pel cognom. És una de les primeres curiositats que va explicar a l'Elena Ramos, la seva parella lingüística. Es van conèixer fa més d'un any, quan el Centre de Normalització Lingüística va posar en marxa el pla pilot de voluntariat. L'Adomako i l'Elena continuen trobant-se un cop per setmana perquè a tots dos els «agrada molt», explica ella. «És molt, molt bona professora», afegeix ell. Al principi de les trobades, l'Elena també li va explicar una curiositat: ella no és autòctona i, com ell, també va haver d'aprendre català. És madrilenya i de petita la seva família es va traslladar a Barcelona, on va viure la infantesa i la joventut en un ambient «totalment castellanoparlant». L'Elena va estudiar dret —actualment treballa com a advocada al Col·legi d'Arquitectes de Barcelona— i, en llicenciar-se, es va adonar que «per trobar feina, calia saber català». Fa un any i escaig que viu a Vic amb el seu marit i ja ha detectat que l'ús social del català a la capital osonenca «és molt més elevat» que a la ciutat comtal. L'Elena va decidir fer-se voluntària lingüística per conèixer els nouvinguts i per oferir-los la seva experiència de primera mà. «Hi ha una cosa que no he oblidat: els meus companys de la facultat em van dir que quan sortís al carrer, parlés sempre en català». És el que sempre ha recomanat a l'Adomako. I el que ja va recomanar a la Nímia Álvarez, una equatoriana amb qui l'any passat també feia de parella lingüística. «Aquest any no descarto tenir-ne una altra, a part de l'Adomako», diu, perquè està convençuda que «és una experiència absolutament apassionant».

Com que l'Adomako i l'Elena fa molt temps que es coneixen —«ja ens hem explicat la vida mútuament», diu ella—, els darrers mesos han decidit dedicar les trobades setmanals a estudiar. L'Adomako es vol treure el carnet de conduir (en català, òbviament, perquè no sap castellà) i l'Elena s'ha ofert per fer-li algunes classes. La terminologia del manual i dels tests de la teòrica de cotxes és complicada i, per això, sovint han de recórrer a l'altra llengua que comparteixen: l'anglès. «Estic aprenent les normes de circulació en anglès», bromeja ella. Però la veritat és que l'Adomako està descobrint «moltes paraules noves, moltes paraules difícils», aclareix ell. L'Elena l'ajuda a identificar els mots que són sinònims, perquè sap que en el moment de l'examen «necessitarà comprensió ràpida». Per exemple, l'Adomako ha après que *exigeix* vol dir el mateix que *obliga*, o que *distància de frenada* s'usa com a sinònim de *distància de reacció*. Hi ha expressions, però, que són més difícils d'explicar, però no obstant això, l'Adomako les memoritza pensant en la seva traducció a l'anglès: *mitjançant* és *through*, o *tenir en compte* és *be carefull with*, expliquen tots dos. El que ell no acaba d'entendre és per què a vegades el català pot arribar a ser tan recargolat: «*Hem de cedir el pas a qui tenim a la nostra dreta* és una expressió molt difícil», s'exclama ell, que té raó quan diu que en anglès és molt més ras i curt: *right prior left*. L'Elena, perseverant, li recomana que no es desesperi, i li jura i perjura que per als catalans «la teòrica també és molt difícil». «Encara sort que ets mecànic!», li diu.

L'Adomako se sent feliç a Vic. Explica que a Alemanya va viure moments «difícils», perquè als anys noranta molts immigrants —entre els quals ell— van perdre la feina en ser substituïts per mà d'obra que procedia de l'antiga Alemanya de l'Est. També recorda la «por» que havia passat en conèixer casos de pallisses per mòbils racistes i xenòfobs. «Aquí és diferent», assegura. Diu que no ha tingut «problemes importants» de convivència i que els osonencs són gent «amable i simpàtica». Ha observat, com d'altres nouvinguts, que, si parla català, estan més contents, percepció que també va tenir l'Elena fa uns quants anys: «Si m'adreçava a algú en català, notava que em tenien més ben considerada», recorda. A la feina, l'Adomako sempre parla en català; a casa, «a vegades» mira els *Telenotícies* de TV3, i quan surt a comprar, habitualment es fixa en «la propaganda» dels supermercats i en els cartells de les botigues. És soci de la Biblioteca Joan Triadú de Vic on, sempre que pot, hi va a buscar vídeos i cassets per aprendre català. No llegeix llibres, però està molt orgullós de la proesa que va protagonitzar el 20 d'abril de 2002, en què va participar a la Marató amb motiu de l'Any Verdaguer que es va fer a la mateixa biblioteca. L'Adomako va ser un dels 120 voluntaris que va llegir un poema de mossèn Cinto. Ara es veu incapaç de recordar-ne el títol, però el que sí recorda és que aquella experiència li va fer «molta il·lusió».

Jenny

Quan l'Adomako va arribar a Alemanya, a principis de la dècada dels noranta, una família germànica deixava aquest país per instal·lar-se temporalment a Granada. L'Adomako va acomiadar-se de Ghana per llançar-se al somni europeu, mentre que la família Köhler feia temps que ja havia escollit Andalusia com a segona residència i, el 1990, va decidir afincar-s'hi durant uns anys. Per això, és natural que la Jenny Köhler, una alemanya de 24 anys, passi perfectament per andalusa. Parla un castellà genuí, amb un accent marcadament andalús que va adquirir als 10 anys quan els seus pares es van comprar la casa de Granada. Ella ja va estudiar cinquè de l'antiga EGB a Andalusia, i, per tant, va ser a l'escola on va aprendre el castellà.

La majoria dels alemanys no saben que la llengua pròpia de Catalunya és el català, però la Jenny, sí, i per això des que resideix a Vic, ha fet tots els esforços per «entendre la gent d'aquí». Ella quasi no s'expressa en català, però el nivell de comprensió que en té, tant oral com escrit, és molt elevat. Creu que aprendre català sabent castellà «és bastant fàcil», però admet que parlar-lo bé és «molt més complicat». En qualsevol cas, té interès a practicar-lo, i per això la primavera del 2003 va formar part del programa pilot del voluntariat lingüístic de Vic. La seva parella autòctona és la

Montse Bové, una vigatana de 27 anys que reconeix que quan li van adjudicar la Jenny es va «sorprendre molt». «M'imaginava un altre perfil», explica. Bona part dels participants al voluntariat lingüístic són immigrants d'altres continents. El cas de la Jenny és diferent.

Ella va descobrir Vic l'any 1999, quan va venir a veure el seu xicot, Juan Ramon Cortés. Ell és granadí i amb la seva família fa uns anys van emigrar a Catalunya. Actualment la Jenny viu amb ell i els seus sogres a Vic, tot i que passa temporades a Colònia, la seva ciutat natal, ja que els seus pares tornen a estar instal·lats a Alemanya. «Té un peu aquí i un altre allà», explica la Montse. Pero la Jenny és força més cosmopolita ja que, mentre va estudiar traducció i interpretació, va viure un any a Londres. La llicenciatura la va cursar a Granada, però bona part del treball de final de carrera el va preparar des de Vic, on va passar moltes hores a la biblioteca de la universitat vigatana.

La primera vegada que va trepitjar Vic va ser durant una visita fugaç que va fer al seu xicot, i només hi va passar un parell de setmanes. Però encara recorda que aleshores ja li van dir que «hauria de fer un curs de català». S'ho va anotar i quan hi va tornar per quedar-s'hi una temporada més llarga, no va dubtar a inscriure's a classes de català. Era l'octubre del 2002:

—És que no entenia res del que em deia la gent. Però res de res—insisteix.

El primer que li va cridar l'atenció van ser els rètols de les botigues: «Centre d'il·luminació», «Perruqueria», «Forn de pa», etc. També va ser al carrer on va aprendre a dir *bon dia, bona tarda* i *bona nit,* a part de *merci,* que ja sap que és *gràcies* en un registre col·loquial afrancesat. Però a mesura que anava aprenent nou vocabulari, es va adonar que «hi ha paraules del català que s'assemblen més a l'alemany que al castellà», com *nas* (*nase*) o *blau* (*blau*). Amb tot, el que més la va sobtar va ser l'ús genuïnament osonenc del verb *cardar*. El primer cop que va sentir a dir l'expressió *no cardis,* va demanar que li expliquessin què volia dir literalment. I li van dir que el verb *cardar* significa «fer fil» —textualment «pentinar la llana o el cotó», segons el Gran Diccionari de la Llengua Catalana—. Aleshores ella va recordar que en alemany el mateix significat literal del verb també és usat en una frase feta (*du spinnst*), que es pot traduir com *no diguis ximpleries*: «Quines casualitats, no?», explica. No obstant això, reconeix que també hi ha expressions que no entendria mai si no les hi expliquessin, com quan algú se'n va, «que diu que fot el camp. Aixo és molt complicat!»

La Jenny ha experimentat en la pròpia pell que els catalans fan «diferències» en funció del país d'origen dels nouvinguts. Ella sempre ha rebut un tracte exquisit, però matisa que sovint l'han confosa amb una andalusa i que, aleshores, els autòctons han estat menys condescendents, força menys que quan han sabut que en realitat era d'Alemanya. La Jenny, que ha viscut a cavall de Colònia,

Granada i Vic, diu que el tarannà dels catalans s'assembla més al dels alemanys que no pas al dels andalusos: «El paisatge, la temperatura, la manera de ser... no som tan diferents», diu.

Les diferències s'ha encarregat d'explicar-les-hi la Montse Bové en les trobades periòdiques que mantenen. La Montse és llicenciada en filologia i actualment cursa un cicle formatiu a l'Escola d'Art de Vic. La conscienciació per fomentar l'ús del català entre els nouvinguts li ve «de lluny» i, de fet, ella va començar a fer de voluntària lingüística pel seu compte, uns mesos abans que el Centre de Normalització posés en marxa el programa pilot. La Montse va descobrir el col·lectiu osonenc Veus Diverses, dedicat a preservar i defensar la diversitat cultural, i a través d'aquesta associació va començar a fer classes altruistament a un ghanès que s'acabava d'instal·lar al barri del Remei de Vic. Mentre feia aquest voluntariat, estava en contacte amb el Centre, d'on aconseguia materials per ensenyar-li millor el català. Per això, quan va saber que s'engegava oficialment l'experiència, va ser de les primeres persones que s'hi va apuntar: «És una idea molt bona», explica. Actualment la Montse fa classes a un grup d'immigrants —ghanesos, colombians i marroquins— dels Habitatges Montseny de Vic.

Aziz

Al barri dels Habitatges Montseny de Vic ha obert les portes el primer bar genuïnament amazigh de Catalunya. A les àmplies vidrieres del local hi ha escrit el nom del bar en dues llengües diferents: en tamazigh i en català. «Totes dues formen part de cultures amb moltes similituds». És una de les conclusions a les quals han arribat l'Abdelaziz Bouziane i en Francesc Codina. L'Abdelaziz és un amazigh que fa 13 anys va deixar el Nador i es va instal·lar a Osona, i en Francesc és la seva parella lingüística de Vic des de principis d'aquest any. Sovint es troben en aquest bar on han protagonitzat llargues i apassionades converses sobre l'estat de les respectives llengües: «Al Marroc, el tamazigh es troba en una situació de diglòssia imposada», explica en Francesc, que afegeix que «recorda molt la situació del català sota el franquisme». Per això, l'Abdelaziz —Aziz per als amics— assegura que el voluntariat lingüístic per fomentar l'ús social del tamazigh no seria possible al seu país d'origen, on l'àrab és la llengua oficial. «Això és una experiència interessantíssima», diu l'Aziz: «No és només aprendre una llengua, també és descobrir tota una cultura». I en Francesc assenteix, perquè ell també ha descobert una altra realitat cultural.

L'Aziz va arribar a Cantonigròs el 20 de gener de 1991. Tenia 23 anys. «Vaig venir en avió, com un turista, però l'emigrant sempre marxa del seu país per necessitat, perquè busca una feina millor». També diu que el lloc de residència sempre depèn de la feina: «Quan arribes, no saps on viuràs. No tens casa. Sempre depens d'on et donaran treball. Si et truca un amic i et diu "Hi ha feina a Lleida o a Tarragona" sempre has d'estar a punt per marxar». Ell va arribar a Osona perquè feia dos anys que el seu germà gran, en Mohamadi, ja vivia a Manlleu. En Mohamadi va ser el segon a deixar el Marroc, però actualment, dels deu germans, n'hi ha sis d'instal·lats a Catalunya, mentre que una germana resideix a Holanda: «Això és normal. Les famílies s'han de separar per sobreviure. Hi estem acostumats».

Amb el misèrrim jornal de la primera setmana laboral, l'Aziz es va comprar una guitarra per pal·liar l'enyorament. Va composar *Desaparegut* i la lletra de la cançó, salvant moltes distàncies, no deixa de recordar el poema *L'emigrant* de Jacint Verdaguer. L'Aziz ens taral·lareja la seva cançó, escrita en tamazigh, i s'atura a cada vers per anar-la traduint al català:

«Jo tinc moltes ganes de cantar una cançó
a un desaparegut que ha marxat de jove,
que ha travessat l'Estret amb un tros de fusta
per millorar la seva vida.
La por i el fred l'acompanyen
i ell no pot deixar de plorar,
per la mare que ha deixat plorant,
i per la germana petita que ha deixat jugant al pati.
Ell s'ha emportat la cultura d'allà
per afrontar una vida molt difícil aquí».

A l'Aziz li agrada cantar *Desaparegut*, perquè la cançó li recorda els moments de solitud «que ningú que no ho ha viscut no es pot ni imaginar». Ell va invertir la primera setmanada comprant-se una guitarra, però té amics que en arribar a Catalunya es van gastar tot el sou d'un mes trucant al seu país. «T'adones que el teu somni està frustrat i que no pots fer marxa enrere. És molt dur deixar la teva gent».

L'Aziz va tenir una vàlvula d'escapament que li va permetre superar els moments més difícils de la seva nova vida: la música. La guitarra sempre l'ha acompanyat i, en aquest sentit, un petit somni sí que es va fer realitat. L'Aziz va ser un dels fundadors d'Estrelles d'Emigrants, un grup musical inicialment àrab-amazigh que amb el temps ha anat evolucionant i que ara és catalanoamazigh: s'anomena Enomazigh i està format per quatre amazighs i dos catalans. Tot i que en Mustafà —el seu germà petit, que també viu a Vic—, no forma part del grup, els escriu moltes de les lletres del repertori que interpreten. Per l'Aziz, *Escolta'm, Josep*, un poema del seu germà Mustafà que Enomazigh ha musicat, també té una significació especial:

«Escolta'm, Josep,
per què ens barallem?
per què em mires malament?
He deixat la meva terra
perquè no tinc sort,
i quan he arribat aquí
tot estava capgirat.

Jo no sóc boig, ni lladre,
si no em creus, pots venir amb mi.
Arribarem a Al-Hoseima,
trobarem els arifi;
arribarem a Agadir
i trobarem els assousi.
Arribarem al Sàhara,
i trobarem els saharauis.
Ningú et mirarà malament,
ningú et preguntarà per què».

L'Aziz diu que quan toquen aquesta peça, és com si llegissin el missatge d'una carta. Per això no li agrada que el públic es posi a ballar, «perquè hi ha algunes cançons que parlen de tristesa». I insisteix: «Nosaltres només llegim la carta d'un poeta». Quan l'Aziz canta, usa paraules i expressions antigues del tamazigh per poder-les conservar: «Hi podria haver una semblança amb un cantautor català que fes servir paraules genuïnes perquè, en el parlar del dia a dia, moltes expressions nosaltres ja no les fem servir», explica en Francesc.

Els amazighs que viuen a Osona intenten preservar la seva llengua i la seva cultura a través de l'associació cultural AMIC Amazigh, que justament presideix en Mohamadi, el primer dels germans de l'Aziz que va arribar a Osona: «La nostra família sempre ha fet coses per la cultura. De joves, allà al Marroc, sempre estàvem en associacions. Per això aquí a Vic hem continuat desenvolupant activitats culturals», explica l'Aziz.

El 10 de gener passat, AMIC va organitzar la festa de l'any nou amazigh (2954) al centre cultural de la Fundació La Caixa de Vic. En Francesc Codina, que és filòleg, també hi va ser convidat:

—La convivència entre cultures implica compartir. Allò que en diuen integració no tan sols és trobar feina i habitatge i tenir els fills escolaritzats. L'emigrant també té unes necessitats espirituals —diu en Francesc, resumint la seva intervenció.

L'Aziz no ha volgut perdre les arrels, però paral·lelament ha volgut arrelar al país que l'ha acollit. Tant ell com en Francesc creuen que el voluntariat lingüístic és una bona manera per «estirar el fil» i obrir una nova via de relacions: «Quan passegem junts pel carrer, a vegades hem trobat amics meus i d'altres vegades amics seus. Això ens ha permès fer noves coneixences que en altres circumstàncies no es podrien produir», diu en Francesc.

Quan va arribar a Catalunya, l'Aziz se'n va anar «directament a Cantonigròs». Durant el primer any, va estar-se entre Cantonigròs i Roda de Ter, perquè va treballar quatre mesos a la planta d'Hilados y Tejidos Puigneró d'aquesta última població. Sempre diu que per familiaritzar-se amb la llengua li va anar bé anar a parar a Cantonigròs. «Allà la gent només parlava català!». Però a l'Aziz no li va costar gens aprendre la nova llengua. Parla tamazigh, francès i àrab i es lamenta que de la immigració se'n tingui una imatge cultural tan pobra quan, en moltes ocasions, els coneixements lingüístics dels nouvinguts són superiors als dels autòctons: «La majoria són bilingües i trilingües», subratlla en Francesc. Aquesta és una de les raons per les quals els immigrants aprenen tan de pressa el català.

Per expressar-se en català, l'entorn és crucial:

—A Cantonigròs era molt favorable, però hi vaig estar poc temps i tot just acabava d'arribar —explica l'Aziz—. Com que quan arribes sempre tens un amic, amb ell parles en el teu idioma, en el meu cas tamazigh, i a la feina, si no t'entenen, l'encarregat li diu a un altre: «Digues-li això al teu amic». I no parles en català.

Per això, reconeix que no va intentar expressar-se en català fins que va començar a anar als cursos «i això no és possible fins que tens una certa estabilitat horària i laboral». Abans per estudiar català, diu, «hi hauria hagut d'anar a les quatre de la matinada». Ara és diferent: «Hi ha més oferta de cursos i jo estic més ben posicionat». A diferència d'altres immigrants, la primera vegada que l'Aziz va anar a classes de català, «ja l'entenia molt». Però tenir una parella lingüística ha estat el pas definitiu: «És el que li falta a molta gent. Animar-se a parlar. Perdre la por».

Un any després d'arribar a Osona, l'Aziz es va casar —a Tona— amb la Rachida, també amazigha, que hi havia vingut amb la seva família uns anys abans. El 1995 va néixer la primera filla, l'Iman, i el 2000 el segon fill, l'Amin. Tots dos parlen tamazigh modern i català: tamazigh a casa i català a l'escola.

—Quan a l'estiu anem de vacances al Nador, els nens juguen i parlen en català —diu l'Aziz—. La meva mare un dia em va preguntar: «Què és l'hòstia?» Ho havia sentit a dir als nens però no ho entenia i jo li vaig explicar que és una paraulota catalana...

Els nens aprenen català a l'escola i al carrer. «Ells són amazighs i també catalans», diu l'Aziz. Per això té clara una cosa:

—Els meus fills difícilment tornaran. Són d'aquí.

—I tu? —li preguntem.

—Jo tampoc vull tornar per quedar-m'hi. Allà pràcticament no hi tinc res — respon ell. I té raó. La majoria d'amics i bona part de la família són aquí. Allà només li queden els records de la infantesa i de la primera joventut. Com de quan jugava a la segona divisió de futbol, dels 16 als 20 anys. «A més de la música, l'esport és l'altra gran afició que tinc». Per això, aquí cada dissabte a la tarda fa d'entrenador de futbol a una quinzena de nens i joves amazighs d'Osona. L'equip es diu AMIC Amazigh —és la secció esportiva de l'associació— i tot i que encara no s'han incorporat a cap lliga, els entrenaments són una bona manera d'esbargir-se de la rutina laboral. Per als nois, pertànyer a aquest club els fa sentir menys estranys, a més, molts d'ells són fervents seguidors del Barça. L'esport també uneix.

Babacar

«...I l'àrbitre xiula el final del partit: Senegal, zero; Burkina Fasso, zero...»

Aquesta era la veu que se sentia al menjador de la família Riera-Morató de Manlleu en el moment en què el locutor de la televisió anunciava el xiulet final de l'enfrontament entre Senegal i Burkina Fasso corresponent a la Copa d'Àfrica disputada a Tunísia. No és que en Ramon Riera i la Dolors Morató tinguin un interès especial per seguir l'actualitat del futbol internacional, però avui volien veure el partit perquè el seu fill, en Marc, els havia dut un convidat: en Babacar Sine, un senegalès de 34 anys amic seu que s'ha establert a Roda de Ter des de fa set mesos. En Babacar comparteix la passió pel futbol de l'Aziz, però ho confessa gairebé com un secret: «Avui he hagut de fer campana a la classe de català per poder veure el partit», reconeix amb la boca petita.

La veritat és que li hauria sortit més a compte anar a classe, com fa cada dilluns i cada dimecres, perquè el partit de futbol, d'interessant no en va tenir res. «Ha estat molt avorrit, eh?», li deia a en Marc en el moment en què l'àrbitre acabava de xiular el final. «Sí», admetia aquest resignat amb els ulls encara enganxats a la pantalla del televisor. Mentre en Babacar, en Marc i el seu germà, en Roger, acabaven de comentar les sensacions que els havia provocat aquest Senegal-Burkina Fasso, va sonar el timbre. Era en Fermí, un tiet d'en Marc.

—Mira, Fermí, et presento en Babacar, un amic nostre —li diu la Dolors al seu cunyat en el moment que entra pel portal.

—*Muy bien. Mucho gusto* —li diu en Fermí allargant-li la mà.

—Parla-li en català, que ja l'entén.

—Entens el català?

—Sí, més o menys —respon en Babacar.

—Carai, així aquest ja el tenim agambat!—, acaba en Fermí picant-li afectuosament l'esquena.

Té raó. En Babacar l'entén perfectament, el català. Parlar-lo, però, encara li costa. Quan s'hi posi serà bufar i fer ampolles perquè té una gran facilitat amb les llengües. Llicenciat en filologia hispanoamericana a la Universitat de Dakar, va obtenir una beca per fer el doctorat a la Universitat Complutense de Madrid. Quan va aterrar a Madrid, però, ja sabia on era Catalunya perquè tenia uns amics a Roda. «Els vaig conèixer quan van venir de turistes al Senegal. Jo feia de guia d'una empresa turística de Dakar i em va tocar el seu grup», recorda en Babacar, el quart d'una família de cinc germans. «Vam tenir molt bon rotllo durant tot el viatge i precisament quan estava amb ells sopant en un hotel, em van trucar al mòbil per dir-me que la beca que havia demanat per anar a fer el doctorat a Madrid me l'havien concedida». En aquells moments, en Babacar ja havia acabat la llicenciatura a Dakar, treballava de professor en un institut i, per acabar de fer el jornal, aprofitava les vacances d'estiu per treballar com a guia turístic.

Tot i així, com que havia estudiat espanyol, era conscient que la seva estada al Senegal tenia data de caducitat. Tard o d'hora se'n volia anar a Espanya. «La millor manera d'aprendre una llengua és anar allà on es parla», assegura. Per això, després de saber que tenia la beca per fer el doctorat a Madrid no s'ho va pensar dos cops. Era el 2001. «A Madrid estava en un pis amb altres becaris del Senegal». Un d'ells era el seu germà gran, l'Abdul-Aziz, que s'hi ha quedat. A banda de fer el doctorat —prepara la tesi sobre *La narrativa del modernismo hispanoamericano*— en Babacar treballava de lector i corrector per a l'editorial Planeta. «L'escriptor escriu el llibre i l'entrega, però l'editorial, per publicar-lo, ha de veure si està bé o no». La seva feina consistia a llegir l'original «i fer-hi apreciacions per veure si valia la pena editar-lo». Aquesta era la tasca com a lector i la de corrector era la fase següent: «Un cop es considera que l'obra és interessant i es pot vendre, s'hi han de fer algunes correccions. Res de gramàtica ni de vocabulari, sinó l'adaptació al manual d'estil de l'editorial que diu, per exemple, que un paràgraf ha de començar amb sagnat, un nom propi s'ha d'escriure amb majúscula... Coses purament formals». Aquesta feina, però, l'obligava a llegir molt. «Almenys un llibre de 260 pàgines al dia. No estava malament, però el problema és que no em feien contracte». I quan se li va acabar la beca va veure que per continuar vivint a l'estranger havia de tenir «una feina més fixa». A més, el gener de 2003 se'n va anar al Senegal per casar-se amb la que ara és la seva dona, la Nabu, i perquè ella també pogués instal·lar-se aquí «em demanaven una nòmina». «Espero que pugui venir aviat», comenta amb esperança més d'un any després d'haver-s'hi casat.

Amb aquest escenari és quan va prendre la decisió de traslladar-se a Catalunya. Mentre era a Madrid va venir a Roda de Terdues vegades de visita i parlant del tema laboral amb els amics rodencs els va dir que si tenia una feina aquí, no veia cap inconvenient per desplaçar-se a Catalunya. Va venir a l'agost de 2003 per quedar-s'hi. Concretament, «vaig arribar el dos d'agost; el tres vaig comprar un cotxe i el quatre em vaig posar a treballar». Fa el torn de nit al magatzem d'una empresa de distribució, a Balenyà.

«Quan vaig arribar no entenia res», explica. Pot semblar una paradoxa quan això surt de la boca d'una persona com en Babacar, que té com a llengua materna el wòlof, però que a més parla francès —la llengua oficial al Senegal—, castellà i anglès. Recorda que, en català, una de les primeres frases que va aprendre va ser una que li va ensenyar un company de la feina, *en temps de guerra qualsevol trinxera és bona*, segurament una metàfora de quin era el seu estat d'ànim mentre donava els primers passos a Catalunya a milers de quilòmetres de Dahara-Djolof, el seu poble natal.

Tot i així, i amb l'ajut dels amics de Roda —sempre parla d'en Ramon Martí i la Paquita Mas, i en Ramon

Molera i la Nuri Vergés—, de seguida es va familiaritzar amb l'entorn i va aprendre d'altres frases menys dramàtiques que aquella que *en temps de guerra qualsevol trinxera és bona*. Ara, tot i que li costa parlar-lo, entén el català. «Però si em proposen el castellà jo elegeixo la facilitat», reconeix. Creu que «aprendre català no és difícil, però sí que és cert que hi has de dedicar temps». I ell, treballant sis de les set nits de la setmana, el que precisament no té és gaire temps. El poc que li queda el dedica a la casa —ha de fer el menjar i la neteja del pis—, a relacionar-se amb els amics i també a llegir. «Quan dius que ets de Roda tothom associa el poble amb en Miquel Martí i Pol. És una institució. Ja he llegit alguns llibres seus —explica orgullós—, però encara em falta més competència lingüística per acabar-hi d'entrar». «Dels que he llegit n'hi ha que són accessibles; d'altres, encara no», admet resignat. De la vida a Europa l'ha sorprès la importància del temps. El ritme frenètic en què es fa tot. «Al Senegal és diferent», assegura encara que sembli un tòpic. I posa, com a exemple, les visites que li fan uns seus amics senegalesos que viuen a Terrassa. «Em diuen: "vindrem a les dotze". Ho tens tot a punt i són la una, les dues, les tres... però al final arriben. A les cinc, però arriben».

Plenament integrat a Roda —«és veritat que em coneix molta gent»—, en Babacar és un tipus extravertit. Recorda que per Santa Tecla, el 23 de setembre, el dia de la Festa Major se li va acostar un noi i li va dir:

—Tu deus ser en Babacar?

Ell, sorprès, tot i que ben mirat deu ser l'únic subsaharià que hi ha a Roda, va dir-li que sí.

Aquest noi, que de seguida va estendre-li la mà, era en Marc Riera. «Una de les amigues d'en Babacar, la Paquita Mas, apadrina un nen al Senegal i, com que sabia que jo me n'hi anava de vacances, li va dir a la meva mare si podria endur-me un sobre per a la família d'aquell nen». El dia que va anar a buscar el sobre «em va dir que a Roda hi vivia un noi del Senegal i que li agradaria que ens coneguéssim». Van quedar que farien una trobada per presentar-l'hi. No hi van ser a temps. Abans, hi va haver la Festa Major i els esdeveniments es van precipitar. «Vaig veure un subsaharià i vaig deduir que havia de ser en Babacar»:

—Tu deus ser en Babacar? —recorda que li va dir.

I entre ells de seguida va néixer una amistat. Quan en Marc li va explicar que se n'anava de vacances al Senegal, en Babacar li va donar l'adreça dels seus pares. «No em venia de pas, però vaig anar-hi des de Dakar. Vaig fer cinc o sis hores amb taxi. Havíeu d'haver vist com van estar de contents aquella gent!», recorda. En Babacar li agraeix que els anés a veure. «Va ser un gest per part seva. És un *crack*», diu, utilitzant l'expressió *ets un crack* que fan servir tots dos per qualificar-se mútuament. Tanta és l'amistat que han fet que el dia de Nadal, per exemple, els pares d'en Marc, la Dolors i en Ramon, el van convidar a dinar. En Babacar es va asseure a taula amb el matrimoni Riera-Morató, i els seus quatre fills, en Pep, la Marta, en Marc i en Roger. «Per a les persones que no tenen família aquí —explica en Marc— els amics hem de fer aquesta funció».

Mentre feia el dinar de Nadal a casa dels pares d'en Marc, el cap d'en Babacar també pensava en el Senegal: en els seus pares, els seus germans i la seva dona, la Nabu, amb qui encara no s'ha pogut reunir des que es van casar. L'enyorança el va empènyer a agafar uns dies de vacances que li quedaven de l'any passat per anar-se'n al Senegal gairebé durant tot el febrer. «En tinc moltes ganes», deia just després d'haver confirmat el bitllet d'avió per marxar.

El 29 de febrer aterrava novament a l'aeroport del Prat amb les piles carregades per tornar a Catalunya, a Osona i a Roda que, ara, ja és casa seva.

Roger i Yakshi

Camptonville és un petit poblet muntanyenc situat al nord de l'Estat de Califòrnia, als EUA. La neu forma part del seu paisatge durant bona part de l'any, i el mig miler i escaig d'habitants que hi viuen estan acostumats als gèlids i blancs hiverns. Res a veure amb el clima senegalès que en Babacar ha deixat enrere en el darrer viatge que ha fet al seu país natal. Mentre a Vic hi havia boira, a Dahara-Djolof hi resplendia el sol i a Camptonville la neu cobria els camps. En Babacar va viatjar al Senegal per retrobar-se amb la calor de la seva gent. Ara ja és aquí de nou, però qui té previst desplaçar-se temporalment a la seva població d'origen és la Yakshi Vadeboncoeur, juntament amb la seva filla Jocelyn. El seu marit, Roger Rapp, les esperarà a Vic. S'hi va instal·lar fa vuit mesos, i la Yakshi i la Jocelyn hi van arribar unes setmanes més tard. La Yakshi torna a Camptonville perquè la Jocelyn s'hi pugui graduar. «En principi serà una estada curta, però li fa molta il·lusió retrobar-se amb els amics de la seva promoció».

La Jocelyn té 13 anys i aquest curs ha estudiat al col·legi l'Escorial de Vic. Tant ella com els seus pares ja han après català però, a més, en Roger i la Yakshi conversen setmanalment amb en Romà Mateu i la seva filla Betlem. La família Rapp Vadeboncoeur va establir-se a Vic «per canviar d'estil de vida». Fa tres dècades, en Roger havia estat alumne del filòsof Raimon Pannikar, que aleshores impartia classes d'estudis religiosos comparats a la

Universitat de Santa Bàrbara, a Califòrnia, d'on era catedràtic. En Roger mai va perdre el contacte amb el seu professor i recentment Raimon Pannikar li va proposar que li fes d'assistent i traductor. Pannikar viu a Tavertet, però en Roger va preferir instal·lar-se a Vic, «que és una ciutat amb millors comunicacions». En Roger i la Yakshi tenen tres fills: la Halcyone, de 25 anys, que és informàtica; l'Elzeard, de 23, que s'acaba de llicenciar en història i cinema, i la Jocelyn, l'única que va voler acompanyar els seus pares fins a Vic. Els seus dos germans grans «ja tenen la vida muntada allà», segons explica la Yakshi.

—Viuen a la casa?

—Sí, guarden la casa... i probablement també hi fan alguna festa—, afegeix en Roger.

Ell, quan la seva dona i la filla tornin als EUA, romandrà a Vic perquè dins els actes del Fòrum de Barcelona 2004 hi ha una conferència sobre religions, i en Roger col·labora en la seva preparació.

Per ells, canviar de país no és res excepcional. No és la primera vegada que en Roger i la Yakshi deixen els EUA. Durant un any i mig van viure al Japó, on ell va fer un beca a la Universitat de Tòquio. «Són mons oposats», expliquen. Però entre Califòrnia i Catalunya també hi ha diferències: «El ritme de vida i els horaris». Ho diu la Yakshi, una excel·lent cuinera que no ha deixat d'elaborar els pastissos i plats típics que preparava allà. «De pa amb tomàquet també en mengem», subratlla. Però la seva gran passió és la cuina de l'Extrem Orient i el seu gran problema és trobar els ingredients genuïnament orientals. Els nord-americans, a més, estan acostumats a sopar d'hora i a retirar-se al llit aviat, hàbit poc freqüent en les societats mediterrànies com la nostra. La Yakshi encara recorda la primera reunió de pares al col·legi l'Escorial: «La carta posava que era a dos quarts de nou del vespre i vaig pensar que era molt tard». Ho va trobar tan sorprenent que fins i tot ho va explicar a una amiga seva amb qui sol contactar per Internet: «Ara t'he de deixar», posava al missatge d'aquell vespre, «perquè encara que sembli mentida, he d'anar a una reunió a l'escola. Sorprenent, oi? Això és Catalunya!».

El missatge, òbviament, estava escrit en anglès. I naturalment quan deia que això és Catalunya es referia a moltes de les peculiaritats d'aquest país, entre les quals l'existència d'una llengua pròpia, «que des del primer moment hem volgut saber».

—Per cert, abans ens hem descuidat de demanar-vos quants anys teniu... —els diem.

—Ah, sí. Vint-i-tres —diuen, tots dos, rient. Però en realitat en tenen cinquanta-tres, tal com reconeixen immediatament.

—Pel poc temps que fa que sou a Catalunya parleu molt bé el català.

—Gràcies —responen.

La culpa és del gran interès que hi posen. Assisteixen a classes de català els dimarts i els dijous al matí. El reforç oral sol ser els dilluns al matí, que és quan es troben amb en Romà i la Betlem. Ell, de 65 anys, és un professor de secundària jubilat; ella, de 31, fa de metgessa. «Les trobades són molt interessants, tant per a nosaltres com per a ells», explica en Romà, que diu que tant ell com la seva filla van decidir fer-se voluntaris per ajudar a la integració dels nouvinguts. Segons ell, conversar és una excel·lent fórmula «perquè aprenguin el català, perquè la tendència que tenen és a buscar el castellà; és més internacional».

—La gent us parla en castellà? —els preguntem.

—A vegades. Però nosaltres sempre procurem de parlar català. Comencem en català i continuem en català i, després, si l'interlocutor no ho fa des del principi, també canvia al català. No li queda més remei...

Amb les seves parelles lingüístiques, a més de parlar fan excursions. La primera sortida que van fer tots quatre junts va ser a Rupit i ara els queda pendent visitar Montserrat. A la Yakshi li faria molta il·lusió perquè els seus pares sí que hi han estat i els va agradar molt, i recorda que al principi de viure a Vic, sempre li demanaven «si ja havia anat a Montserrat». La Yakshi també ha fet altres sortides per la comarca amb la Laura, a qui va conèixer comprant a la *pollastreria* al Mercat Municipal de Vic, molt a prop del domicili dels californians «i ens hem fet amigues». Al Mercat Municipal, «tothom ja sap que parlo una miqueta el català i ara quan em despatxen ja no em demanen què vull en castellà». Lamenta que les converses que pot mantenir «encara són limitades». En Roger es troba amb el mateix: «No puc parlar com penso». Però s'adonen que, setmana rere setmana, la seva fluïdesa oral va millorant: «Es nota que la gent d'aquí estima el català».

Jocelyn

—Sí, Jocelyn, sí! Vinga, vinga, que hi arribes!

Són els crits d'ànim de Josep Serra, l'entrenador de l'equip femení del Remei, en el partit que les enfronta al Sabadell. El Remei i el Sabadell van molt igualats en la classificació i el resultat d'aquest partit és clau per dilucidar les aspiracions dels uns i els altres a la Lliga provincial femenina, on poden jugar noies d'entre 7 i 14 anys.

Tot i que plou i el camp està impracticable, el partit es disputa. Les del Sabadell, conscients de la importància del resultat, surten amb molta empenta. I en les dues primeres aproximacions perforen per dues vegades la porteria del Remei que defensa la Núria.

—Molt bé, molt bé! —criden eufòrics des de la banqueta del Sabadell.

A la del Remei, en canvi, hi ha resignació. Tres reserves esperen assegudes la seva oportunitat amb la samarreta i el pantaló curt per saltar al camp, però protegint-se de la pluja amb un paraigua. Una d'elles és la Jocelyn, una noia nord-americana de 13 anys que tot just fa uns mesos que viu a Vic. A l'equador de la primera part, l'entrenador la crida:

—Va, que sortiràs.

Deixa el paraigua, s'aixeca i salta al terreny de joc. L'entrenador li dóna les indicacions de quina zona del camp vol que cobreixi.

La Jocelyn surt amb empenta. En una de les primeres accions en què intervé fa un servei de banda molt potent que permet a la Ivette quedar-se sola davant la porteria del Sabadell i marcar l'un a dos que torna a donar emoció al partit.

—Vinga, molt bé, molt bé, va! —són els mateixos crits d'ànim que se sentien minuts abans, però ara procedeixen de la banqueta del Remei. Abans de la mitja part, però, l'alegria encara torna a canviar de banqueta.

Al descans s'hi arriba amb un 1 a 3. És l'hora de reposar i analitzar el primer període: tant les jugadores, als vestidors, com el públic, al camp.

La mare i el pare de la Jocelyn, la Yakshi i en Roger, no es perden mai ni un partit. «Encara queda tota la segona part», explica desbordant d'optimisme la Yakshi. En Roger, que porta una bufanda del Remei al coll, hi està d'acord: el partit encara no ha acabat.

L'àrbitre ordena que comenci la segona part.

—*Jocelyn, más arriba, atenta al rechace!* —li diu l'entrenador en castellà a la sortida d'un còrner, en una pràctica molt freqüent entre els tècnics del món del futbol, sense aturar-se a pensar que la destinatària del missatge entén millor el català que el castellà.

Hi ha nervis. L'àrbitre xiula una falta.

—No, home, no és res. S'ha entrebancat! —deixa anar el tècnic del Remei.

—Ep, que és la meva filla! —respon un dels pares de

l'equip contrari que segueix el partit des del costat de la banqueta.

—Ah... era un dir! —conclou l'entrenador per sortir del pas després de veure que l'havia vessada.

El partit continua molt travat fins que l'àrbitre castiga el Remei amb un penal. L'entrenador fa d'endeví: «A la teva dreta, Núria, a la teva dreta», li diu a la portera. I la Núria es llança a la dreta, endevina la intenció de la jugadora del Sabadell i atura la pilota, però el rebuig torna a anar a peus de les de Sabadell, que marquen el definitiu 1 a 4. «Que dormiu les altres?», es pregunta el tècnic.

L'àrbitre xiula el final.

—Va, doneu-vos la mà.

Són les últimes ordres de l'entrenador.

—Per què alguns cops a la Jocelyn li dones ordres en castellà? —li preguntem.

—Ho faig sense voler, perquè ja sé que ella entén millor el català que el castellà, però, en dir el seu nom, i no ser català, a vegades ja me'n vaig directament al castellà sense adonar-me'n —reconeix Serra, que destil·la gran bonhomia i tracte amable tant amb les noies del seu equip, com amb les rivals i fins i tot amb l'àrbitre... que els va xiular un penal en contra.

La Jocelyn, efectivament, com diu el seu entrenador, parla i entén el català. «Si no l'hagués après de seguida què hauria fet?», respon ella, quan li preguntem com és que l'hagi après tan de pressa. Els colors i els nombres són les primeres coses que va saber dir i, després, de mica en mica, va anar ampliant el lèxic. Ara només la delata l'accent americà quan pronuncia paraules genuïnament catalanes. Esportista per naturalesa, «a Califòrnia a més de futbol feia bàsquet, waterpolo...», també té un cap privilegiat per a les matemàtiques. «M'agraden», reconeix, tot i que encara no sap què estudiarà. Però és inquieta: «Sempre vull aprendre coses noves i, com que conec persones que parlen àrab, ara hi ha una noia que va a la classe de català dels meus pares que me n'ensenya».

—Són gent amb un cor molt gran. Tant la Jocelyn com els seus pares des del primer dia han estat molt atents amb tothom. Els apreciem molt —explica un dels pares que, protegit sota un paraigua, ha suportat estoicament la pluja i els gols que els ha endossat el Sabadell.

La Jocelyn està contenta d'haver aterrat a Catalunya i, a través de la seva gran passió, l'esport, ha trobat una forma d'integrar-se. Una de les primeres coses que va començar a fer quan la seva família es va instal·lar a Vic va ser anar a jugar a futbol al parc de la Bassa dels Hermanos, al costat de la biblioteca de Vic. De primer hi havia d'anar sola perquè no coneixia ningú. Ara, ja té amics i amigues. L'esport també és una forma de relacionar-se.

Luz

La Jocelyn Rapp i en Henry Aguilar no es coneixen. Ella és dels EUA; ell, de Colòmbia. Ella té 13 anys; ell, 17. Ella parla anglès; ell, castellà. La llista de diferències podria ser interminable. Però també tenen similituds: per casualitats de la vida ara tots dos s'estan a Vic i comparteixen una llengua, el català, que uns mesos enrere no sabien ni que existia. Tant en Henry Aguilar —li diuen júnior per diferenciar-lo del seu pare, que es diu igual—, com la Jocelyn, van arribar a Osona per imperatius familiars. La mare d'en Henry, la Luz Montoya, de 36 anys, havia emigrat a Catalunya buscant una vida millor.

La Luz —el seu nom sencer és Luz Dary Montoya Marulanda— fa quatre anys i mig que va marxar de Colòmbia. Nascuda a Armenia, la capital del departament colombià de Quindío, la Luz, va decidir fer les maletes després d'un terratrèmol que hi va haver al seu país el gener de 1999. Concretament, era el 25 de gener quan un moviment sísmic va fer tremolar tot el departament de Quindío: cases aixafades, carrers amb xaragalls monstruosos a l'asfalt, desenes de ferits... Un desastre. «La ciutat va quedar molt malament. Hi havia una noia colombiana amiga de les meves germanes que vivia a Catalunya, em va animar i vaig decidir provar sort», recorda la Luz, que emprenia un viatge cap a l'altra punta del món i deixava a Colòmbia la feina en una fàbrica de cafè, el marit i el fill.

Exactament no sabia ni a on anava ni a fer què, però tenia l'esperança d'obrir un camí cap a un futur millor per a ella i la seva família. Tot i que no vol revelar l'indret on va anar a parar inicialment per por a represàlies, sí que ho recorda amb angúnia: «Em van enganyar. Aquella noia amiga de les meves germanes en realitat no treballava on jo em pensava, i vaig marxar a buscar una altra feina. Tota sola. Sense diners i sense entendre el català... però havia de tirar endavant». A través d'un amic que havia conegut durant el traumàtic primer mes d'estada a Catalunya, va anar a parar a Vic. «Vaig estar-me a la Guixa en un pis on em deixaven una habitació. Em va ajudar a trobar feina en un restaurant, a Folgueroles. Estava a la cuina. Però no em va anar bé. Treballava molt i cobrava molt poc». Optimista per naturalesa, però, el temps va jugar a favor seu: «Després vaig trobar una feina a Vic, de neteja, en un bar musical». I des de llavors ha treballat al mateix lloc, «amb contracte i tot», recalca.

Un cop establerta i amb el permís de residència, va poder iniciar els tràmits perquè vingués el seu fill, Henry, que fins llavors s'estava a Colòmbia amb el seu marit. «La meva idea era arribar aquí i quan estigués bé que pogués venir el meu marit i el meu fill... però al final va venir el meu fill tot sol». En Henry va a l'escola taller de Vic, on estudia electricitat i l'ofici de llauner: «L'han tractat molt bé». Ella, tot i els mil i un entrebancs que ha passat, també està contenta. «Amb el noi que em va ajudar al principi a venir cap a la Guixa vam tenir una relació d'amistat, però ja s'ha acabat. Ara visc amb el meu fill en un pis de lloguer a Vic», on ha començat una nova vida que li permet mirar enrere i alegrar-se que el passat és això, passat. «Jo venia a Espanya i parlava espanyol. Quan vaig arribar aquí sentia que la gent parlava i no entenia res. No m'agradava gens, el català. Ara, com que l'entenc i el parlo, sí». Creu que aprendre la llengua és una necessitat. «Si mires en qualsevol revista ofertes de treball a tot arreu et demanen que sàpigues català».

—Has notat un canvi cap a tu?

—Sí. A la gent li agrada que parli en català, però a vegades parlo en català i es dirigeixen a mi en castellà. D'acord que ho faig malament, però faig l'intent! I la gent, en canvi, em parlen en castellà! Això és l'hòstia! —deixa anar, mentre se li escapa el riure.

—Com dius?

—Jo no n'havia dit mai cap, de *paraulota*. A Colòmbia no en diem. Al principi de ser aquí, quan sentia això de l'hòstia, reia. I pensava: jo mai parlaré així, però ara... a vegades se m'escapa.

De fet, juntament amb les frases més elementals, *bon dia, bona tarda, bona nit, adéu*, les «males paraules» és el primer que va aprendre.

La Luz, la petita de sis germanes, manté contacte amb Colòmbia, però creu que, ara, la seva vida ja és a Vic. «Els pares han mort, els avis també...» i veu que cada vegada té menys lligams amb Colòmbia i més amb Catalunya.

«L'estiu passat vaig anar-hi perquè havia d'arreglar papers i coses amb el meu ex. Hi vaig estar 24 dies, però al que feia 10 i havia vist les meves germanes, ja volia tornar. No hi tenia res més a fer. El país està molt malament», lamenta. Dona de conviccions fermes, veu que a Osona té oportunitats. Ara vol fer un curset de perruqueria després d'haver assolit el propòsit d'aprendre català i treure's el carnet de conduir. A les classes de català de primer s'hi va apuntar per treure's el carnet, però abans de fer l'examen, hi va haver un acord entre Espanya i Colòmbia en virtut del qual s'homologava el permís. «Però va ser la manera d'aprendre'n». La Luz va ser una mica autodidacta: «Com que mirava en *Doraemon* per la *tele* ja sabia algunes paraules i al Centre em van dir que fes de dret el segon nivell. Anar a classe està molt bé, però la millor manera d'aprendre la llengua és amb la parella lingüística», assegura abans de desfer-se en elogis cap a la Marta Borrós, a qui defineix com el seu àngel de la guarda. «Per mi és com de la família», assegura.

La Marta, filòloga, és de Barcelona, però fa vuit anys que viu a Osona. S'ha estat a Montesquiu, a Perafita i ara viu a Sant Julià. «També sóc una mica immigrant», bromeja. Per ella, l'esforç que ha fet la Luz és elogiable:

—Ha tingut una vida dura, però és una dona molt positiva. Ella aquí podria viure en castellà, per això que hagi après català té doble mèrit.

La Marta explica que s'ho ha agafat tan seriosament que fins i tot fa pedagogia entre els colombians. «Parla'm en català», els diu en to imperatiu. Per ella, veure que un immigrant aprèn la llengua és una satisfacció enorme. Al Centre de Normalització Lingüística, on fa classes diversos dies a la setmana, els dissabtes al matí inclosos, veu la bona predisposició per familiaritzar-se amb la llengua de gent diversa, d'edats diferents i procedències dispars. La classe d'iniciació que fa cada dissabte n'és un bon exemple.

La classe

Cada dissabte, des de l'octubre de l'any passat fins al febrer d'aquest any, en Khalid Elmokhtari ha assistit a les classes que impartia la Marta Borrós al Centre de Normalització Lingüística de Vic. La Marta, que és la parella lingüística de la Luz Montoya, diu que en Khalid és un alumne «molt aplicat», tot i que sovint el sorprèn fent dibuixos o inspirant-se per escriure un vers. El dissabte 7 de febrer, a la classe hi havia en Leonardo, de l'Uruguai; l'Stefan, d'Alemanya; la Luz, de Colòmbia —que no és la Luz Montoya, ja que aquest nom és molt freqüent al seu país—; l'Orlando, del Perú; en Hayford, de Ghana; en Harhay, d'Ucraïna, i en Khalid, que és del Marroc. Els últims 30 minuts de la sessió van servir per a repassar vocabulari mitjançant el joc dels contraris: «Són dues hores i mitja de classe i sempre acabem amb alguna activitat més distesa», explica la Marta. Al Centre de Normalització Lingüística no tan sols s'hi va a aprendre català: també s'hi va per passar-hi una bona estona i per fer-hi noves amistats.

—Com te dius? —pregunta la professora a en Hayford.

—Per què? —li respon ell.

—Home, perquè aquest noi i aquesta noia que avui ens han vingut a veure ho volen saber. Ells no et coneixen...

—Hayford.

—Hayford àlies *Crack* —afegeix en Leonardo.

—O Hayford àlies *Cafè* —diu la professora—, perquè no pot entrar a la classe sense haver pres un cafè.

—Té tres noms i un cognom —especifica en Khalid.

—Què és un cognom? —pregunta l'interessat.

—És l'*apellido* —respon la Luz.

Tothom fa la seva petita aportació a aquesta particular Torre de Babel. S'hi creuen mots en català, castellà, anglès, francès, alemany, tamazigh i, fins i tot, rus. Sovint, la gesticulació es converteix en el llenguatge més pràctic i entenedor.

—Quina diferència hi ha entre aquestes dues fotografies? Com està, aquest got? —pregunta la Marta.

—Ple —diuen diverses veus alhora.

—I l'altre?

—Buit.

—Buit? —pregunta l'Orlando.

—Sí, *vacío* —aclareix en Leonardo.

—*Buit* no és el mateix que *vuit*, ho recordeu?

—Sí, vuit és *ocho*.

—D'acord —i la Marta escriu *ple, buit* i *vuit* = 8 a la pissarra. Aleshores en Khalid diu:

—Plana.

—Què vols dir, Khalid?

—La cassola és *plana* —diu ell.

—No, el femení de *ple* és *plena*. La cassola és *plena*; la peixera és *plena*, però nosaltres vivim en una *plana*, perquè no hi ha muntanyes.

—Sí, sí —assenteix ell, que ja volia dir plena, però que confon algunes vocals.

—El got està *ple* i la cassola està *plena* —insisteix la Marta, a manera de recapitulació.

—Què és un got? —pregunta en Hayford.

—Un *vaso*! —li respon en Khalid, que pràcticament no sap castellà.

En Hayford està despistat. Explica que la setmana següent se'n va de vacances a Ghana, al seu país, i que no es pot concentrar. Tothom ho entén. Tothom té les seves històries personals. A mitja classe, la Luz recull els llibres i se'n va. I també a mitja classe s'incorpora en Harhay, que s'asseu a l'última filera, darrere d'en Hayford.

—Vinga, una altra fotografia. Com són aquestes sabates?

—Noves —diu en Khalid.

—...? —fa en Hayford.

—Vol dir que les he anat a comprar ara.

—I aquestes altres?

—Velles.

—I què li passa a aquest nen? Quina estació de l'any deu ser?

—Hivern.

—Per què?

—Perquè està abrigat.

—Amb què?

—Amb una bufanda...

—Un anorac...

—Un gorro...

De sobte sona un mòbil amb la melodia del *Cant dels adéus*. És el d'en Khalid. Ningú s'immuta i tots continuen fent les seves aportacions lèxiques sobre la indumentària, ara ja de l'estiu. En Khalid respon, fluixet, en tamazigh, i després s'incorpora a la conversa. És un noi tranquil, però molt espavilat.

—La nena també porta orelles —diu.

—Orelles, no —diu la Marta—. Però tot seguit rectifica. —Bé, sí que té orelles. Com tothom. Però tu vols dir *ulleres*, que ve d'ull...

—Sí, volia dir ulleres—. En Khalid constantment repeteix les paraules que aprèn. A la butxaca sempre hi porta un tros de paper on hi anota els mots nous.

—Com parlen aquestes dues persones?

—En secret —diu un alumne.

—En veu baixa —diu un altre.

—Tenim una expressió molt catalana: es diu *a cau d'orella.*

—Què és *cau*? —pregunta l'Stefan, que és poc parlador.

—Això és una expressió feta, però *cau* vol dir amagatall. És l'amagatall d'un animal. Per exemple, el cau d'un conill.

—També és cova... —en Khalid sempre fa associació d'idees.

—Una cova seria l'amagatall d'un ós...

En una classe de català, la professora ha de tenir nocions de tot.

—I el contrari de parlar a cau d'orella, què és? Què fan aquests dos senyors?

—*Griten* —diu en Leonardo.

—Criden —rectifica la Marta—, que vol dir que parlen molt fort.

—Quin verb és *criden*? —pregunta en Harhay.

—L'infinitiu és *cridar*. De la primera conjugació.

—Gràcies —li respon.

—De res —diu ella.

L'educació no hi falta mai. *Gràcies* és de les primeres paraules que van aprendre i sempre que poden en fan ús.

Quan la Marta els mostra una fotografia amb un got de llet, en Khalid torna a dir, absolutament convençut, que el got és *pla*.

—Khalid, *pla*, no; *ple*. El got està *ple*. Ple de llet. Ll-e-t, amb la llengua enganxada a dalt.

—Espera, espera... —s'exclama en Hayford, quan la Marta neteja la pissarra.

—M'espero, m'espero... —diu ella, tornant a escriure els mots que havia començat a esborrar.

La fotografia següent mostra un avi amb un nen:

—El nen és el nét de l'avi. *Nét* no és el mateix que *net*. Ho recordeu?

Ho recorden, però en Khalid hi torna:

—Nit.

—No, Khalid. *Nit* és quan hi ha la lluna. *Nét* és el nen petit. I *net* és amb la boca ben oberta...

—Quina pronunciació més complicada! —diu en Hayford.

Quan la Marta els mostra dues imatges, una amb roba estesa i l'altra amb roba en remull, en Harhay s'acosta a en Hayford i li pregunta, a cau d'orella:

—Què, ho entens? —Avui en Harhay té més ganes de xerrar que d'escoltar. I la resposta d'en Hayford, que ja té el cap a Ghana, és clara i contundent:

—No.

I tots dos es posen a riure.

—De què rieu, vosaltres dos? —els pregunta la Marta.

—De res, de res...

—Com està el nen? —la Marta reprèn el joc.

—Content.

—Feliç.

—Com avui en Hayford, perquè se'n va de viatge.

I en Hayford torna a riure.

—Molt, molt feliç és *plena*? —demana en Leonardo.

—Com?

—Plena de felicitat... —afegeix ell.

—Sí, també. Molt bé, Leonardo.

—En Hayford està *plena* de felicitat —diu en Harhay.

—No, en Hayford és un home. El masculí és *ple*. El got està *ple*. La cassola està *plena*. *Plena,* eh, Khalid? No *plana,* d'acord?

—D'acord —respon ell amb cara de saber-ho perfectament però conscient de la dificultat de pronunciar-ho bé.

En sortir de classe, en Khalid ens diu, també a cau d'orella, que durant el cap de setmana ha començat a escriure «un poema nova». «Nou», li diem, «un poema nou». I immediatament es treu el paper de la butxaca i demana que li escrivim *poema nou*. «Poema nou a la llibreta nova», diu. I se'n va, tot content, baixant per la rambla de l'Hospital de Vic.

Khalid

En Khalid Elmokhtari, l'alumne més aplicat dels cursos dels dissabtes al matí al Centre de Normalització Lingüística d'Osona, té una vida social molt activa des que va conèixer l'Imma Pineda. Els van presentar el 13 de desembre de l'any passat i dues setmanes més tard, l'Imma el va convidar a veure el partit de futbol entre la selecció catalana i la de l'Equador. «Reconec que devia ser xocant, però m'he proposat ensenyar-li moltes coses, i no podem perdre el temps». Dos dies més tard, l'Imma el va fer aixecar de bon matí per viure la Festa del Pi de Centelles, amb balls, un enorme pi penjat de cap per avall a l'església, pólvora i trabucs. «Vaig pensar que no voldria tornar a quedar amb mi mai més», recorda. Però en Khalid, que amb els desconeguts es mostra una mica tímid i reservat, s'ho va passar d'allò més bé. «L'Imma és molt amable amb mi. He conegut amics de l'Imma, i també amigues. M'agrada aprendre català», diu aquest magrebí de 22 anys. L'Imma en té 26, és de Seva i fa de parella lingüística d'en Khalid.

En Khalid va arribar a Vic el 25 d'agost de 2002 i des de llavors viu a casa del seu germà. No té papers però confia obtenir-los ben aviat, «per poder treballar com a soldador». A Zghanghan, la seva ciutat natal, ubicada al Nador, en Khalid hi va estudiar aquest ofici. Ara, però, fa feines en una granja de Vic, «amb vaques, gallines, porcs i conills». És el petit de set germans i només un d'ells ha continuat vivint al Marroc. La resta estan repartits per Europa: dos a Alemanya, dos a Bèlgica i el seu germà i ell a Vic. A diferència del seu germà, en Khalid va voler aprendre català des del primer moment que va trepitjar el nostre país: «És normal, no? Això és Catalunya! O he d'estudiar anglès, o francès, o alguna altra llengua?», pregunta inquisitorialment. Abans d'arribar a Vic, amb un visat de turista, en Khalid ja sabia que a Catalunya s'hi parlava català. Al Marroc ell s'expressava en tamazigh, la seva llengua, però també hi havia estudiat àrab i francès.

En Khalid té un posat desmenjat però és molt observador. Parla poc i l'Imma sempre explica que li ha «d'arrencar les paraules», però ell hi posa molta voluntat. A més de la llibreta rebregada que sempre porta al damunt, ara té previst comprar-se una gravadora, «per sentir parlar la gent». Sap que la fonètica és el més difícil de la nova llengua i ho constata cada dissabte quan va a classe: *pla* o *ple,* per exemple, és un dels dilemes més freqüents. La seva professora, la Marta Borrós, explica que els marroquins tenen dificultats per distingir les vocals, ja que confonen la a i la e oberta, o la e tancada i la i (nét i nit). Amb tot, l'Imma Pineda assegura que «prospera molt» i que «està perdent la vergonya a passos gegants». L'adaptació ha estat tan ràpida que ara ja no ha d'adreçar-se a l'Imma perquè li demani un cafè amb llet: ho diu ell directament, perquè ha memoritzat l'expressió i perquè li encanta beure'n. «Al Marroc bevia te; aquí cafè amb llet», explicita. «Cafè amb llet i coca. Coca catalana, que és molt bona», afegeix. Quan tenen problemes de comunicació, l'Imma opta per vocalitzar desmesuradament o per dibuixar-li el que li vol dir i ell no entén: «Què vol-dràs fer a-quest cap de set-ma-na?», li pregunta. «No ho sé», respon ell. L'Imma sap que, ara per ara, la iniciativa la porta ella. Per això els primers dies li va fer una llista dels municipis propers a Vic: va deixar que ell triés quin volia visitar. «Així també pren decisions». De moment, ja han fet una visita cultural per la ciutat de Vic —la catedral, les pintures de Josep M. Sert, la Casa Masferrer i el Temple Romà—; han anat a Taradell i a Santa Eugènia i, per Carnaval, l'Imma li va descobrir la disbauxa que es viu a Centelles i a Torelló. En Khalid també li explica costums típics del seu país, però a vegades una imatge val més que mil paraules, com el dia que es va presentar a la cita setmanal amb una gel·laba blanca que li arribava fins als peus. Era el dilluns 2 de febrer i el cap de setmana anterior havia celebrat la Festa del Xai, l'esdeveniment musulmà més important després del ramadà.

En Khalid també escriu poemes. Els escriu perquè té el cor partit entre dos mons: el català i l'amazigh: «A la meva pàtria participava molt en associacions culturals, però aquí és diferent». Enyora els amics que fa dos anys i mig va deixar allà, però sobretot és als seus pares a qui troba més a faltar. Els truca «cada vuit dies» i per apaivagar la seva tristor, sovint agafa paper i llapis i hi aboca els sentiments. El poema nou —que no nova— que ha escrit recentment gira entorn d'una llàgrima que rodola galta avall fins arribar a terra, on es converteix en un arbre. La llàgrima és de la mare que enyora el fill emigrant, i l'arbre és la metàfora que indica si, a l'altra cantó del bassal, ell està bé o malament: si el fill és feliç, l'arbre fa ametlles; si està trist, és un arbre bord. En Khalid escriu poemes des que era un nen i, entre els pocs objectes personals que es van endur del Marroc, conserva gelosament una capseta on hi guarda els seus escrits, tots en tamazigh. També mostra, amb orgull, algunes pàgines de diaris locals del Nador on ell hi ha escrit algun poema. El somni més immediat d'en Khalid és legalitzar la seva situació per poder viatjar al Marroc i publicar-hi un llibre amb les seves poesies:

«Tenim una història
que ni s'ha oblidat,
ni s'ha ensorrat.
Escrivim llegendes
i obres de teatre,
contes i poemes.
I ho escrivim en tamazigh,
que portem a dins el cor».

Són els últims versos d'un altre poema seu.

Olga

El rus Gary Kasparov perd al torneig d'escacs de Linares contra el nen prodigi de Bakú.

Aquesta notícia, publicada per la premsa esportiva a principis de 2003, va passar completament desapercebuda a la plana de Vic. O gairebé. El nen prodigi de Bakú, com l'anomenaven els periodistes àvids d'un titular amb grapa, era Teimour Radjabov, un adolescent de 15 anys de l'Azerbaidjan que havia aconseguit la gesta de derrotar Gary Kasparov, el millor jugador d'escacs del món en un torneig de prestigi internacional com el de Linares. A Vic, van ser molt pocs els que van saber valorar la transcendència de la victòria. Els de la ceba dels escacs, sí. Però també aquells a qui el cognom Radjabov els suggeria alguna cosa més que un seguit de lletres impossibles de pronunciar situades aleatòriament una darrera l'altra.

Entre aquests últims segurament s'hi trobava Olga Chouchkova, una vigatana nascuda el 1949 a Bakú, la capital de l'Azerbaidjan. De pare armeni i mare russa, l'Olga va néixer i créixer a la costa de la mar Càspia fins que l'escalada de tensió que va desembocar en una guerra entre l'Azerbaidjan i Armènia per l'enclavament de Nagorno Karabaj, una regió de majoria armènia en territori àzeri, va fer aconsellable, per dir-ho finament, que en marxés. Era l'any 1989. L'Olga es va instal·lar a Volgodonsk, a Rússia. Economista de professió, havia treballat tota la vida —«més de 30 anys»— com a comptable en el sector del petroli, ja que Bakú és una de les principals capitals de cru del Caucas. La guerra, però, va truncar la seva carrera professional. I la seva vida. A Volgodonsk, tot i estar-hi a gust, no hi va acabar d'arrelar mai.

—A més, el meu fill volia casar-se i no tenia pis on anar a viure. Jo volia ajudar-lo. Necessitava diners per comprar-n'hi un a Rússia i, quan em va sortir l'ocasió de venir a Catalunya, també em va fer gràcia veure un altre país, una altra manera de viure... I vaig decidir venir.

Quan diu que li va sortir l'ocasió es refereix a la proposta que li va fer la seva germana, que havia fet el pas de marxar de Rússia abans que ella i ja estava instal·lada a Vic. Era el març de l'any 2000. «La meva germana havia vingut un any abans i això m'ho va facilitar tot. Quan vaig arribar —va venir amb el seu nebot— vaig trobar feina de seguida, al cap de cinc dies». Aquesta era la seva principal preocupació: la feina. I la que va trobar, la va agafar: treballa al sector del servei domèstic. «No puc dir que no tinc res, tinc feina!», explica amb la serenitat d'haver passat de la cinquantena i amb l'optimisme que demà encara serà millor que avui.

Per aconseguir-ho, sap que ha d'aprendre. I per aprendre necessita comunicar-se. «Des de bon principi em vaig adonar que saber la llengua era primordial», explica. Quan va arribar, parlava sempre en castellà. A Rússia n'havia après algunes paraules. De fet, es pensava que amb això en tindria prou: «D'Espanya em sonava Catalunya, La Manxa, Aragó... però no creia que amb la llengua hi hagués tanta diferència!» Ara, al cap de quatre anys d'haver arribat, però pocs mesos després d'haver-se posat a estudiar-lo, es fa entendre en català. De fet, és una ment privilegiada per les llengües. Parla rus, alemany, força castellà i cada dia una mica més de català. Assegura que no li resulta complicat tot i que afirma que el barreja amb el castellà. «Necessito més temps». Un cop de mà li dóna Jordi Casadevall, un vigatà de soca-rel, que es va apuntar al voluntariat lingüístic: «Em va semblar que era una manera de poder contribuir a facilitar-los la integració». Solen quedar un cop per setmana i, amb el pretext d'un cafè, parlen de Vic i de Bakú. «És enriquidor», assegura Casadevall, un empleat de banca aficionat a «viatjar i a conèixer gent d'altres cultures». No es va apuntar al voluntariat lingüístic «per fer militància lingüística ni per heroïcitat, sinó per normalitat. La gent que viu a Catalunya és lògic que parli català». L'Olga hi està d'acord: «I tenir algú per poder parlar va molt bé per aprendre més de pressa». Ella, de ganes, n'hi posa. Com a anècdota, explica que a la casa on treballa de tant en tant diuen «avui parlem en català» i, tot i que els costa una mica més d'entendre's perquè a ella encara li falta assimilar molt lèxic, l'experiència és profitosa. Se'n va a dormir havent complert aquella dita que diu: «Cada dia s'ha d'aprendre una cosa nova». Una cosa nova pot ser simplement una paraula. Com les primeres que va aprendre: «Oh, quin fred!», que era la resposta que li donaven els vigatans quan després de preguntar-li d'on venia ella els deia que de Rússia, un país molt llunyà tant geogràficament com culturalment.

En aquest sentit, assegura haver notat molta diferència en detalls aparentment sense importància de la vida quotidiana. «M'agrada veure que a Vic la gent surt a passejar a la nit sense perill. A Rússia ara a la nit no pots sortir. Com a màxim fins a les vuit del vespre. Més tard és perillós». Tot i que defineix Vic i Catalunya com «una ciutat i un país molt perfectes» creu que un dia se'n tornarà. Aquest dia, però, no sap quan serà. Ni s'hi para a pensar. Ara està bé a Vic, on, a més de la feina, també hi té la família. El juny de 2001 va venir el seu fill, Igor, amb la seva dona i una criatura, la Daria. Després, ja a Vic, van tenir un altre fill, l'Àlex. La Daria, que ara té gairebé cinc anys, parla el català perfectament i estudia al col·legi Sant Miquel. «A l'escola l'hi han ensenyat i a vegades, quan juga ella sola, ho fa en català». «Què dius?», li pregunten els seus pares i l'àvia. I la petita Daria, tot i que ni tan sols ha fet els cinc anys, ja els fa de professora.

El cafè

En Pau, com la Daria, també creixerà en un ambient catalanoparlant. Els fills i els néts dels immigrants sovint tenen el primer contacte amb la nova llengua en l'àmbit públic, ja sigui a les aules, ja sigui al carrer, jugant amb altres nens. Però en Pau, que encara no té un any, també l'aprendrà en l'àmbit privat. Tot i que és nascut a Carolina del Nord (EUA), la seva mare és de l'Argentina i el seu pare, de Sant Boi de Lluçanès. Ella, la Gabriela Calvar, té clar que s'ha d'expressar en català:

—Crec que una de les coses més importants quan arribes a un país nou és aprendre la llengua que s'hi parla. Et pots integrar molt més bé... és clar que jo podria parlar perfectament en castellà, però si ara visc a Catalunya, vull aprendre català.

Per això, cada dimecres després de dinar ja té per costum anar a fer el cafè amb la Vicky Terricabras, una advocada de 29 anys de Vic. També s'emporta en Pau, i es troben amb tres parelles lingüístiques més: La Marisa Amici i la Carme Peix, la Sandra Robert i la Mercè Pinto, i la Piedad Rubio i la Marta Marly. La Marisa i la Sandra també són argentines, mentre que la Piedad és de Granada. La Mercè i la Carme són sòcies; la Carme i la Vicky van coincidir al curs per fer el nivell D de català, i la Carme i la Marta es van conèixer durant la presentació de les parelles lingüístiques, en un acte que es va fer el desembre passat a la Sala de la Columna de l'Ajuntament de Vic.

—Els dimecres de tres a quatre de la tarda sempre quedem aquí —explica la Mercè.

—Ja no ens ho hem ni de dir —aclareix la Carme.

—De fet, deu ser l'única hora de la setmana que ens va bé a totes vuit... —matisa la Marta.

—...I tenim la tranquil·litat que si un dia una no pot venir, sap que hi haurà totes les altres, i que la seva parella lingüística no es quedarà penjada —afegeix la Vicky.

—I de què parleu?

—De tot —responen, a l'uníson, totes vuit.

Sempre tenen reservada la mateixa taula, però no sempre s'asseuen al mateix lloc:

—És que aquí no hi ha quatre parelles lingüístiques —remarca la Sandra.

—No. Aquí hi ha vuit amigues —assegura la Gabriela.

—Vuit amigues que ens trobem per fer el cafè —insisteix la Marisa.

—Per fer el cafè *en* català —puntualitza la Piedad.

I en català les quatre nouvingudes ens expliquen les seves històries personals. La Gabriela viu a Vic des de fa cinc mesos. Té 31 anys i va conèixer el seu marit a Carolina del Nord, on tots dos hi estaven treballant. Un cop va haver nascut en Pau, però, van decidir que no podien continuar vivint als EUA: «Un dels motius de marxar-ne va ser que volíem que en Pau estigués a prop dels avis. Com que la situació a l'Argentina estava molt malament, vam decidir venir cap a Vic». La Gabriela es considera afortunada perquè «no partia de zero». Sabia que a Catalunya s'hi parlava català i que «aquí, a Vic, encara més». La

Vicky diu que en cinc mesos la seva companya ha fet avenços «molt importants»:

—Sobretot, el que veig és que la Gabriela ha perdut la vergonya—. I adreçant-se a ella, afegeix: —És veritat, ara parles amb totes, que al principi et costava més.

—No ho faig gaire bé, però vaig aprenent paraules —diu la Gabriela—. Encara me'n recordo de la primera vegada que vaig sentir a dir *Déu n'hi do* i *goita*. Pensava... «Què vol dir això?» Quan ho deien em feien riure. No ho havia sentit mai. És que *Déu n'hi do*, amb el català!

I, mentrestant, en Pau, tot i que només té nou mesos, va escoltant. De segur que, quan d'aquí a un temps, senti que la seva mare li diu *Déu n'hi do* o *goita*, aquestes expressions no li vindran gens de nou, tot i que el seu document d'identitat reveli que va néixer a Carolina del Nord.

La Marisa Amici també és argentina. I també és mare: té dos fills, en Luca, de sis anys, i la Lara, de tres. Abans d'instal·lar-se a Vic, havia viscut dotze anys a Itàlia amb el seu marit, que també és argentí, «però ell va tenir una oferta de treball a la Universitat de Vic i vam decidir venir cap aquí». La Marisa és llicenciada en psicologia i per a ella, aprendre el català és una prioritat: «Per la meva feina és molt important. Em baso en la llengua; és la meva eina de treball». Fa un any i mig que viuen a Vic, però ella encara no se sent prou capacitada per poder desenvolupar la seva activitat professional totalment en català:

—Amb els pacients, prefereixo parlar en castellà —reconeix.

—Marisa, tu parles molt bé el català! —l'anima la Carme.

—Encara no em sento prou segura... —afegeix ella.

—D'aquí a poc te'n sentiràs. És qüestió de setmanes —sentencia la Carme.

L'any passat la Marisa va fer un curs bàsic d'iniciació a la llengua i, ara, ja n'està fent un per a catalanoparlants. «Entre l'italià i el català hi ha petites diferències, que a l'hora de parlar em porten alguna confusió», comenta.

—En Luca i la Lara parlen català? —preguntem.

—I tant! A casa parlem en castellà, però veig que en Luca ha progressat molt amb el català, tot i que també es confon amb l'italià, com jo. El cas de la Lara és diferent: com que quan vam arribar era més petita, d'italià no en parlava i ara ho té més fàcil per aprendre català.

A la Marisa li és molt útil quedar un cop per setmana i practicar distesament en català: «Jo sempre li dic a la Carme que encara que m'hagi de tallar, que em corregeixi. La Carme m'ajuda molt». La Carme Peix, de 38 anys, és filla de Ripoll, viu a la Garriga i treballa a Manlleu, on regenta una agència de publicitat juntament amb la Mercè Pinto.

La Mercè viu a Taradell i també té 38 anys. Ella es va fer voluntària lingüística perquè de petita també havia tingut vergonya de parlar en català. Filla de pares andalusos, la seva família va haver d'emigrar, primerament a Alemanya i després a Catalunya. El 1974, quan la Mercè tenia vuit anys, es van instal·lar a Sallent: «Jo no sabia parlar català. I la gent se'n reia, del meu accent». En va aprendre «escoltant» i per això creu que la idea de formar parelles lingüístiques és «genial»:

—Tan de bo n'hagués tingut, jo! —comenta.

—Sóc una afortunada! —exclama la Sandra, que va néixer a l'Argentina fa 32 anys i en fa dos que viu a Vic—. Va ser culpa de Cupido —afegeix.

Tot va començar quan fa un temps una amiga de la Sandra, també argentina, va conèixer un osonenc per Internet. Es van enamorar i al cap d'uns mesos ella va deixar-ho tot i es va instal·lar a Vic. Fa dos anys i mig, la Sandra va venir de vacances a Catalunya per visitar la seva amiga. Però es va enamorar d'un amic del company de la seva amiga, «com a les pel·lícules», i uns mesos més tard la Sandra també va deixar el seu país per iniciar una nova vida a Vic:

—Estic aprenent català per integrar-me més en la societat —diu.

—Ja el parles força bé —li respon la Mercè, que assegura que cada dimecres s'expressa amb més fluïdesa—. Estàs molt a l'aguait —afegeix.

I la Sandra riu amb complicitat, perquè *estàs molt a l'aguait* és una expressió que ha après recentment.

—Jo abans també deia *prau:* «Ja n'hi ha *prau*!», deia. I la Mercè em va dir que no era una *a*, que era una *o*, i que havia de dir *prou*.

—Ho veieu com sempre està a l'aguait?

La Marta Marly sí que estava a l'aguait el dia que, tot conduint, va sentir per la ràdio que el Centre de Normalització Lingüística d'Osona posava en marxa una campanya per ajudar els immigrants a aprendre català:

—De seguida em va interessar —explica aquesta gironina de 36 anys que ara viu a Manlleu—. Vaig pensar que m'encantaria poder-hi participar. Tenia ganes de fer algun tipus de voluntariat i quan aquell dia vaig sentir que ho explicaven per la ràdio vaig pensar: «Marta, això és el que buscaves».

La parella de la Marta és la Piedad Rubio, una granadina de 35 anys que en fa cinc que va emigrar d'Andalusia amb la seva mare. Totes dues viuen a Vic. La Piedad, *Piedi* per a les noves amigues, és graduada social, però treballa en una fruiteria, on, des de fa uns mesos, ja s'atreveix a «respondre en català».

—Conversar és més difícil que escriure —adverteix.

—Al principi, pobra, no era una conversa; era un interrogatori! —reconeix la Marta.

—És que sóc una mica tímida... —s'excusa la Piedi.

—Però ara ja no tens vergonya, oi? —li demana la Marta.

—No, ja començo a perdre la por... —li respon ella.

—Que et feia por, la gent de Vic? —li preguntem.

—No, por, no. Però és que aquí parleu un català... perfecte!

—No pateixis, Piedi, que tu també l'hi parlaràs! —li diu la Marta.

María Luisa

Vic no és Barcelona. Ni tampoc la Costa Brava. Però és a Vic on la María Luisa Membrive va descobrir que havia d'aprendre català. Fins llavors, aquesta alacantina cosmopolita no havia detectat el grau de penetració del català en la societat. De Catalunya, havia viscut a Barcelona i a l'Empordà, però «mai havia necessitat tant el català». La María Luisa va arribar a Vic l'abril del 2000 juntament amb el seu marit, Manuel Calzadilla. Venien de Tamariu (Baix Empordà), on durant quatre anys havien fet de masovers d'una finca situada a primera línia de mar. «A la costa tot està enfocat de cara al turisme: amb francès i castellà n'hi havia prou». Ella, a part de castellà, també parla francès, anglès i italià, «i des de fa un temps, una mica de català». Fa un any que es va quedar vídua i amb l'objectiu «d'ocupar el temps», va decidir apuntar-se a un curs al Centre de Normalització Lingüística d'Osona. Des de l'octubre passat, cada dimarts i cada dijous des de les nou fins a les onze del matí assisteix a classes de català. «M'agraden molt per dos motius: perquè aprenc i perquè m'ho passo molt bé».

La María Luisa, que actualment té 58 anys, viu a la residència de les Germanetes de la Caritat de Vic, on a les tardes col·labora treballant a la porteria. De moment, només parla català a les classes i amb la Maria Vila, la seva parella lingüística, perquè diu que amb els residents no s'hi atreveix: «M'he de llançar, ja ho sé, però no sé si estic suficientment preparada». La Maria assenteix i li diu que no tingui vergonya, que cada dia ho fa més bé. «Amb la María Luisa m'ha tocat la rifa», diu la Maria. «Doncs a mi amb ella la *Primitiva*», respon la María Luisa, a qui no li falta sentit de l'humor. Fa poc que es coneixen i són conscients que encara tenen moltes coses per explicar-se, però ja intueixen que el voluntariat lingüístic serà el principi d'una gran amistat.

La Maria es va quedar «bocabadada» quan la María Luisa li va començar a explicar la seva vida. Filla d'un militar de carrera, havia nascut a Alacant, però de ben petita se'n va anar a viure a Algèria amb la seva família: la seva mare, que estava malalta, hi volia morir. Però aleshores Algèria estava en guerra (va aconseguir la independència el 1962) i per això amb el seu pare i els seus sis germans —ella era la petita— van decidir traslladar-se a França, primer a Lyon i després a Toulon. Va cursar els estudis en escoles franceses fins als 16 anys, edat en què es va posar a treballar. A mitjan anys seixanta, la família va tornar a Espanya, però ja es va quedar a Catalunya. La María Luisa va començar a treballar com a intèrpret als magatzems de Can Jorba, a Barcelona (on actualment hi ha El Corte Inglés), i també en una empresa de mobles d'importació. El 1971 se'n va atipar i va decidir anar a passar una temporada a Veneçuela, on feia poc s'hi havia instal·lat una germana seva que s'havia casat amb un veneçolà. El desembre de 1971 es va incorporar, també com a intèrpret, a una empresa de cosmètics de Caracas. En aquelles dates un sevillà entrava a la mateixa companyia com a director de màrqueting: era Manuel Calzadilla, el seu futur marit. «Va ser un amor a primera vista, perquè al cap de quatre mesos ens vam casar». En aquella època a Caracas hi havia força espanyols —i alguns catalans exiliats— i la María Luisa recorda que tenien uns amics que un dia els van convidar al Centre Català de la capital veneçolana. Els seus amics, que es deien Teresa i Jou, aquell dia estaven «molt emocionats» perquè els visitava el cèlebre violoncel·lista Pau Casals (1876-1973). Tant ella com el seu marit sabien qui era —«un català universal»—, però amb aquella il·lustre visita van entendre «una miqueta més» els sentiments patriòtics dels seus amics catalans.

Amb tot, encara trigarien uns quants anys més a conèixer de primera mà la cultura i la llengua dels catalans. El 1989 la María Luisa i en Manuel van tornar a Espanya: fins al 1993 van viure a Sevilla, però «no hi havia feina», explica, i per això van decidir emigrar a Catalunya. Ho van fer de la mateixa manera que generacions anteriors molts andalusos també hi havien arribat: «Sense res i sense que ens caigués cap anell». Una agència de treball els va informar que a la Costa Brava hi havia ofertes per fer de masovers. El seu marit, «que era un home de números», va substituir la calculadora pel pic i la pala i va aprendre a fer de jardiner, mentre que ella va deixar les traduccions per dedicar-se a les feines de la llar. Van fer de masovers a Sant Antoni de Calonge i a Tamariu, fins que a en Manuel li van diagnosticar un càncer i va haver de deixar de treballar: «Li donaven tres mesos de vida», recorda ella, tristament. La María Luisa va pensar que tota sola a la Costa Brava no se'n sortiria i per això tots dos van traslladar-se a Vic. A França, ella hi tenia una germana que pertanyia a les Germanetes de la Caritat i, mitjançant aquest contacte, van poder entrar a la residència de Vic. Era l'abril del 2000 i el seu marit va morir el febrer del 2003. Està enterrat al cementiri municipal de Vic.

«És una dona molt optimista», diu la Maria, referint-se a la seva parella lingüística. «*Al mal tiempo, buena cara*», respon la María Luisa, que es pregunta com es tradueix aquesta expressió al català. «A les penes, punyalades». La Maria té 61 anys i sempre ha viscut a Vic. «Venim de realitats molt diferents, potser per això ens atrauen les respectives vides». S'autodefineix com una «vigatana catalanista» i explica a la María Luisa que ella de jove no va poder estudiar mai català, «perquè estava prohibit». Per això ho ha fet de gran, quan ha tingut l'ocasió d'apuntar-se al Centre de Normalització Lingüística. Hi ha fet tres cursos, l'últim dels quals el del nivell D, tot i que no s'ha arribat a examinar: «Ho faig perquè m'agrada, no perquè necessiti el títol», remarca. Durant el franquisme, tot i les dificultats per expressar-se en català, la Maria va tenir «la sort de treballar en un ambient intel·lectual molt català», l'emblemàtica Llibreria Sala de Vic, que va tancar les portes a mitjan anys seixanta. Allà s'hi trobaven seminaristes i vigatans il·lustres, i recorda que aquells anys va viure «experiències molt enriquidores». Ella treballava com a comptable i explica que el propietari de la llibreria,

Francesc Sala, sempre li dictava les cartes en català: «Devia fer barbaritats!», s'exclama. Però eren altres temps i la militància lingüística no es basava en la gramàtica, sinó en la bona voluntat. Per això, per a la Maria, inscriure's a cursos de català ha estat com fer les paus amb el passat: «Ara he après el que de petita hauria volgut saber». I per això va decidir fer-se voluntària lingüística, per «ajudar a parlar català a la gent que hi té interès». Aquest altruisme, a la María Luisa la va sorprendre des del primer moment: «Per això dic que Vic és diferent».

María Ángeles

«Mai no és tard per aprendre». La frase pot sonar a tòpic, però per a la María Ángeles Álvarez és una expressió plena de contingut. Fins ara no havia tingut mai l'ocasió d'aprendre a parlar català, tot i que fa 30 anys que va deixar Salamanca per venir a viure a Catalunya. La dissort de quedar-se a l'atur, a mitjan 2003, es va transformar en la sort de, finalment, poder disposar de temps per començar a estudiar. L'octubre passat s'estrenava com a alumna del Centre de Normalització Lingüística d'Osona, on va conèixer la María Luisa Membrive. Poc després, en apuntar-se al voluntariat lingüístic, van descobrir que les seves respectives parelles eren cosines.

La María Ángeles no és una nouvinguda, però forma part de la generació de milers d'immigrants espanyols que als anys seixanta van arribar al nostre país. Aleshores no s'hi parlava català —la repressió franquista es va ocupar d'apartar-lo de l'ús públic— i, per això, mai va tenir la necessitat de comunicar-se mitjançant aquesta llengua. La María Ángeles està casada amb un lleonès i tenen dos fills, de 21 i 18 anys. «Tots tres parlen català; la que no el parlo sóc jo!», s'excusa. Però ho diu en català, i la Conxita Mesa, la seva parella lingüística, la corregeix: «Com que no parles català? I ara què estàs fent?» La Conxita, que està «molt conscienciada amb el país», aplaudeix que la María Ángeles, després de tres dècades de viure a Catalunya, s'hagi decidit a fer el pas.

Aquesta Salmantina de 49 anys va trepitjar Barcelona per primera vegada quan en tenia 16. El seu tiet era guàrdia civil i, en jubilar-se, va trobar feina a la ciutat comtal. La María Ángeles tenia una cosina de la seva edat i va anar a visitar-la a Barcelona, tota sola, amb la intenció de quedar-se una temporada a casa dels seus tiets. Al final, van ser tres anys, fins que el seu pare també va fer cap a Catalunya, concretament a Sant Bartomeu del Grau, contractat per Hilados y Tejidos Puigneró. Abans que la seva família s'instal·lés a Sant Bartomeu, però, la María Ángeles havia estudiat, juntament amb la seva cosina, en un col·legi de monges de Barcelona, on va aprendre les primeres paraules en català. A les classes estava prohibit, però a l'hora de l'esbarjo, la María Ángeles es va fer molt amiga de dues bessones barcelonines «de tota la vida», que entre elles, òbviament, parlaven català. Recorda que li deien *maca* i que li preguntaven si volia ser la seva *amiga*. *Maca* no tenia res a veure amb *bonita,* però *amiga* es pronunciava quasi de la mateixa manera que en castellà. La María Ángeles va pensar que eren una mica estranyes, les catalanes, però aviat es va fer amiga d'elles, i jugant al pati va descobrir que les barreres lingüístiques es franquegen fàcilment.

A Sant Bartomeu del Grau també hi havia força catalans, però la majoria dels treballadors de Puigneró eren immigrants espanyols. Per això els anys que va treballar a la fàbrica, solia parlar en castellà amb les companyes. La família —ella és la gran de quatre germans—, vivia en un dels pisos que la mateixa empresa subministrava als treballadors. Com ells, moltes altres famílies també s'hi havien instal·lat per encetar una nova etapa laboral. La María Ángeles va viure a Sant Bartomeu del Grau fins que es va casar i es va traslladar a Vic. I va treballar a Puigneró, com dos dels seus germans i una cunyada seva, fins que el juny del 2003 la planta va tancar les portes definitivament, després de fer-ho als centres de treball de Roda de Ter i de Prats de Lluçanès.

«Em vaig quedar al *paro*», diu, però immediatament s'autocorregeix: «Perdó! Volia dir que em vaig quedar a l'atur!» Va ser aleshores quan va pensar que era el moment d'estudiar català. «Sempre ho havia volgut fer, però treballant, pujant els fills i portant la casa era molt difícil...» No eren excuses, perquè amb els fills grans i sense feina, el primer que va fer va ser anar a treure el nas al Centre de Normalització Lingüística. Hi va anar pel juliol, pocs dies després de quedar-se al carrer, però allà la van informar que les matrícules no s'obrien fins al setembre. I l'estiu, llarg i calorós, lluny d'apavaigar-li aquesta inquietud, li va multiplicar les ganes d'aprendre català. Per això, pel setembre hi va tornar, i a l'octubre començava el curs, amb la mateixa il·lusió que una estudiant adolescent.

La Conxita Mesa, la seva parella lingüística, també semblava una estudiant adolescent quan, juntament amb la seva cosina, la Maria Vila, tres anys abans també havia decidit estudiar català: «Jo sóc d'aquí i no puc fer cap falta en català», s'autoexigia. La Conxita, de 59 anys, és una dona molt primmirada i meticulosa i no suporta que quan escolta la ràdio o mira la televisió els locutors o els presentadors s'expressin malament: «Els ho haurien de prohibir. El català s'ha de parlar i escriure bé, i més si estàs en un mitjà de comunicació». La Conxita sempre havia estat una alumna aplicada i molt exigent amb ella mateixa: havia superat amb bones notes els quatre cursos de batxillerat, perquè tenia «vocació de mestra», però no va poder fer realitat el seu somni perquè l'època que li va tocar viure la va empènyer cap al món laboral: «Vaig suspendre la revàlida de matemàtiques i el meu pare em va dir que m'havia de posar a treballar». Va passar un disgust «grandiós», però va entrar com a aprenenta en un taller de llenceria i banyadors de la ronda Camprodon de Vic, propietat de la firma francesa Valisere. A propòsit de rememorar aquell període, la Conxita diu que «aquest any, si tinc temps, m'agradaria fer un curs de perfeccionament de francès». Reconeix que quan alguna vegada ha anat a França, li ha costat parlar francès i per això entén que a la María Ángeles li faci certa ànsia llançar-se a parlar en català: «Té vergonya, com en tindria jo, naturalment».

«Tinc una bona mestra», reconeix la María Ángeles, tot i que la Conxita no la vol atabalar corregint-la constantment: «Només la interrompo per coses molt gruixudes, com quan al principi deia *paro* i no *atur*», remarca la vigatana. «Amb mi necessitarà paciència», afegeix la María Ángeles. De moment, la paciència la té ella que, amb constància i perseverància, sempre fa els deures que li posen a classe, «encara que hagi de traduir paraula per paraula amb el diccionari al costat». Els seus dos fills al principi també li donaven un cop de mà, però ara veuen que ja s'espavila i deixen que es baralli amb els pronoms febles i les conjugacions dels verbs irregulars. Ella hi dedica hores perquè li agrada, perquè ara té tot el temps que abans havia desitjat i perquè, qui sap, pensa que potser parlant correctament el català tindrà més facilitats per reincorporar-se al mercat laboral.

Williams

Cada dimarts i cada dijous al matí, la María Luisa i la María Ángeles coincideixen a classe amb la Fàtima Hartal, una magribina que viu a Vic des de fa prop de tres anys. La Fàtima està «entusiasmada» per aprendre català i per relacionar-se amb gent de diverses cultures, i per això el primer que va fer en arribar a la capital d'Osona va ser inscriure's al Centre de Normalització Lingüística. La Fàtima està casada amb en Toni Coromina, un periodista vigatà a qui va conèixer, en francès, durant una estada d'ell al Marroc. Ara parlen «un seixanta per cent en català i el quaranta per cent restant en francès» —tot i que en Toni també està aprenent àrab—, i l'objectiu a mig termini és comunicar-se en català al cent per cent. Tant la Fàtima com en Toni participen en el programa del voluntariat lingüístic, però amb parelles diferents «perquè així és més divertit». La Fàtima practica català amb la Mariona Barnils, de Centelles, mentre que en Toni l'ensenya a en Williams D'Nong, que és de Costa d'Ivori. Ell no té papers, i com que va demanar explícitament la preservació de la seva identitat, va escollir aquest nom per poder donar a conèixer, «sense por», el seu testimoni vital.

La primera preocupació d'aquest jove de 31 anys, que treballa en un escorxador d'Osona, és regularitzar la seva situació. El segon inconvenient de viure allunyat del seu país natal és la «solitud» i, el tercer, molt relacionat amb l'anterior, té a veure amb els problemes de comunicació:

«Si no entenia res, com podia fer amics?», es pregunta. L'octubre passat, quasi dos anys després d'haver arribat, en Williams va decidir aprendre català; ara ja el parla, ha començat a fer més vida social i fins i tot té un amic del Nepal, en Rajú, que ha conegut a classe, tot i que a vegades només s'entenen «en anglès». A en Wiliams li continua inquietant ser un il·legal —per fer servir la nomenclatura de la policia—, però ara comença a tenir la sensació que el got ja està mig ple, és a dir, que d'ara en endavant tot serà millor: «Em vull quedar aquí», diu. El seu desig és reprendre els estudis d'economia aplicada que va haver d'interrompre en deixar el seu país: «Quan sàpiga català i tingui papers, tornaré a estudiar. Això és el que vull fer».

La primera frase que va veure escrita en català, a la primera classe a la qual va assistir, va ser *Què és això?* No sabia què volia dir i ho va preguntar en francès, endevinant, sense saber-ho, que demanava exactament el mateix que el que hi havia anotat a la pissarra: «*Qu'est ce que c'est?*» «És una pregunta útil», va pensar. A partir d'aquell dia, sempre que no ha sabut què volia dir una paraula ja ho ha demanat en català: *Què és això?* Aquell primer dia de classe, a més d'aquesta expressió, també hi havia anotats els dies de la setmana: «Dilluns, dimarts, dimecres, dijous, divendres, dissabte i diumenge». En Williams els recita perfectament, sense cap vacil·lació. Les llengües sempre li han agradat. A l'Escola Superior de Tecnologia d'Abidjan, a Costa d'Ivori, on va estudiar un peritatge en economia i comptabilitat, també s'oferia l'aprenentatge de dues llengües estrangeres: l'alemany i l'espanyol. Ell va escollir l'espanyol. També parla brong —un dels dialectes nadius de Costa d'Ivori—, francès i anglès. Recorda que al principi que trucava a la seva família explicava que a Vic s'hi parlava una altra llengua que no era l'espanyol. Els deia que vivia a Espanya —«perquè nosaltres diem que això és Espanya», matisa, advertint de la simplificació que fa de la nostra realitat— i que «a Espanya hi ha una província que es diu Barcelona i que aquí hi ha una altra llengua, que és el català».

En Williams treballa de dilluns a divendres de les cinc del matí a dos quarts de tres de la tarda. Els dimarts i els dijous, quan torna de la feina, agafa els llibres i se'n va a classe, però la resta dels dies pràcticament no es mou del pis on viu: «Estic molt cansat». Hi sol llegir o escoltar la ràdio, sobretot una emissora francesa, però també Catalunya Ràdio, «per practicar». Tot i que l'equip de *Versió Original,* amb Toni Clapés al capdavant, «parla massa de pressa i no entenc res. A vegades poso la ràdio per familiaritzar-me amb la pronunciació, encara que no entengui què diuen». Per ràpid, però, Joaquim M. Puyal quan fa les retransmissions esportives del Barça: «M'agrada escoltar futbol. Sóc del Barca, jo». I ho diu sentint-se partícep d'uns colors que sap que representen molt més que un club esportiu. Però també recorda, per patriotisme, que hi ha dos jugadors de Costa d'Ivori que juguen a la Lliga espanyola: Bakayoko, a l'Osasuna, i Domoraud, a l'Espanyol.

En Williams comparteix pis amb diversos ghanesos. «La gent es pensa que els africans som tots iguals, però cada país té els seus problemes i no ens assemblem en res». En Toni ho ratifica: «És com dir que un holandès i un ioguslau són iguals. Ells ens veuen a tots europeus i nosaltres, a tots africans. Hauríem d'aprendre que tots els continents són multiculturals». Tots dos coincideixen que aquest aprenentatge no s'aconsegueix a la universitat, sinó al carrer: «S'ha de viatjar, per veure món i per superar els nacionalismes», afirma en Toni. A les trobades setmanals, les tardes dels dissabtes, en Toni i en Williams alternen les passejades vorejant el riu Gurri amb estones asseguts en un cafè o al parc de la Bassa dels Hermanos, a tocar de la Biblioteca Joan Triadú. En Williams és soci d'aquesta biblioteca des de fa nou mesos i cada dissabte al matí hi va a buscar diversos llibres i CD. La resta del cap de setmana pràcticament no surt del pis, ja que el diumenge al matí l'aprofita per dormir, mentre que la tarda la dedica a fer els deures de català.

Però en Toni també li posa deures. Cada dues setmanes, li porta un article escrit per ell, que escull «en funció del vocabulari i de l'interès del tema». El llegeixen plegats, el comenten, i a la setmana següent en Toni li formula una sèrie de preguntes relacionades amb l'article. Per això, en Williams sempre se'l sol rellegir a casa, per intentar assimilar els mots que no coneix i per assegurar-se que l'ha entès. El cicle d'aprenentatge es completa quan en Williams aconsegueix llegir el text tot sol i l'explica a en

Toni. «És una fórmula que ens funciona», comenta aquest. En Williams es treu de la butxaca un full rebregat amb l'últim article que li ha passat en Toni: «Amb un lliri a la mà», llegeix. És una denúncia contra l'afany constructor: «Com el mític guerrer Atil·la, on passa l'urbanisme l'herba no hi creix mai més», diu la segona frase. En Williams tindrà feina, perquè aquest text «no és fàcil», segons reconeix el seu autor. Però a en Williams li agraden els reptes. Per això va deixar el seu país, malgrat les reticències de la seva família: «Europa és difícil», recorda que li advertien. Però ell es va arriscar i està «content de ser aquí». Amb tot, ningú li treu que hi hagi dies que senti nostàlgia. Aleshores, quan truca a Costa d'Ivori, reconeix que ha d'intentar dissimular la tristor, perquè la seva tieta sempre li recrimina que si està sol, que torni. I ell fa el cor fort i li respon el que realment pensa: «Si no m'agradés, seria estúpid quedar-me aquí». En Williams creu que començar a aprendre català ha estat un encert i encara més apuntar-se al voluntariat lingüístic. Constantment agraeix a en Toni que li dediqui «tans bons moments» i que sigui «tan bo» amb ell. I en Toni li diu que ho fa per «militància humana, més que no pas lingüística». El cert, però, és que a en Williams parlar català el fa sentir menys foraster i, conseqüentment, menys il·legal. Com ell, a Osona també hi ha altres immigrants sense papers. Però, mentrestant, en Williams no ha perdut el temps i cada dia està més convençut que ja no està sol i que el temps li donarà la raó.

Tijani

«He perdut el temps durant sis anys! Sis anys de la meva vida! Vivia aquí però no hi vivia! Us ho podeu creure?» Qui s'exclama amb tant d'èmfasi és Tijani Allaui, un amazigh de 35 anys que un bon dia, de cop i volta, va començar a parlar en català. Feia sis anys («sis anys!», repeteix insistentment) que vivia a la comarca d'Osona i mai havia parlat català: de primer es va instal·lar a Roda de Ter, després a Manlleu i finalment a Vic, on actualment viu amb dos germans seus, en Khalifa i en Bouzian. En Tijani és oficial de primera en una empresa de construcció de Vic, on la resta de manobres o bé són marroquins, com ell, i, per tant, parlen àrab o amazigh, o bé són castellanoparlants. «És que mai vaig tenir la necessitat de parlar català». El comentari sembla més una excusa que no pas una justificació, però en Tijani és sincer i diu la veritat.

I la veritat és que tres anys després que ell arribés a Catalunya, el seu germà petit, en Khalifa, també hi va fer cap. Poc després, en Khalifa ja parlava «un català perfecte», segons recorda en Tijani. A més, en Khalifa va participar en el programa pilot del voluntariat lingüístic, amb una noia de Sant Martí Sescorts. L'experiència li va agradar tant que va intentar convèncer el seu germà. «Jo tenia vergonya, molta vergonya, perquè ja feia molt temps que vivia aquí», reconeix en Tijani, realment avergonyit. Finalment, el setembre passat es va inscriure al Centre de Normalització Lingüística d'Osona i, dos mesos més tard, va conèixer en Miquel Saborit. «Ens vam conèixer en català», remarca en Miquel, que no amaga la sorpresa que va tenir el dia que els van presentar: «M'havien dit que no el parlava gens i, de veritat, no us dic cap mentida, va engegar en català!». Sempre que recorden aquella primera trobada, se'ls encomana la hilaritat: en Tijani feia sis anys que s'expressava en castellà però, sense adonar-se'n, també vivia entre catalans. El cas és que, inconscientment, va anar interioritzant la nova llengua, fins al punt que el dia que s'ho va proposar, li va sortir la primera parrafada en català: «Bon dia, jo em dic Tijani. Ho sento, no parlo gaire bé...»

Gairebé no va tenir ni temps de presentar-se, perquè en Miquel li va respondre que «amb alumnes com tu, em serà molt fàcil fer de professor». I el cert és que el balanç del primer trimestre no podia ser més gratificant: «En tres mesos he descobert el que en sis anys no havia vist mai! En tres mesos! I tot gràcies a en Miquel!» En Tijani es desfà en elogis cap a aquest vigatà de 44 anys, amant de la muntanya, que actualment fa d'agutzil a Muntanyola però que tota la vida havia treballat en el ram de la construcció. «Des dels 15 anys que tracto diàriament amb magribins», explica en Miquel. Fins i tot recorda els cinc primers números en tamazigh i, perquè no en quedi cap dubte, els recita sota la mirada atenta d'en Tijani. «No us penseu, a vegades ell també em fa de professor», destaca en Miquel. En Tijani assenteix, però està convençut que si en Miquel se n'anés a viure al Marroc, no trigaria pas sis anys a aprendre tamazigh. «Sis anys segur que no!»

Com que té la sensació que fins fa tres mesos havia perdut el temps, ara en Tijani està diposat a aprofitar-lo al cent per cent. Des que va començar el voluntariat lingüístic amb en Miquel, assegura que els caps de setmana «han volat». Per exemple, ja s'ha convertit en un assidu de Sant Feliuet de Savassona, on pràcticament cada diumenge tots dos hi van a treure el nas, ja que en Miquel és un dels ermitans de la Unió Excursionista de Vic, l'entitat que en va fer la restauració i que ara s'ocupa del seu manteniment. El primer dia que en Tijani va visitar aquest indret ja va signar al llibre de visites, en català i en tamagizh. La dedicatòria deia el següent:

«Sóc Tijani, un membre de l'associació AMIC Amazigh de Vic. Sóc molt content de visitar tants llocs d'aquesta comarca d'Osona amb la companyia del meu amic Miquel, col·laborador del Centre de Normalització Lingüística. Un d'aquests llocs és Sant Feliuet de Savassona. Estic molt content d'estar en aquesta terra i de conèixer una cultura diferent de la meva. I gràcies per cuidar-ho.
Visca Catalunya
Visca Vic»

En Tijani també ha visitat el Museu Episcopal de Vic (MEV), acompanyat d'en Miquel, que ja l'ha recorregut en quatre ocasions. En Miquel diu que tornar a passejar per les sales del romànic i del gòtic va ser una experiència «quasi mística», perquè explicar la simbologia cristiana a un musulmà «et fa replantejar moltes coses». El dia que van visitar el MEV, en Tijani va complir un dels seus desitjos, ja que ell havia intervingut com a manobre subcontractat en la construcció de l'edifici del museu, dissenyat pels arquitectes Federico Correa i Alfons Milà. «Vaig ajudar a fer la teulada», recorda. Per això, sabia que era un equipament cultural «important» i, per això, visitar-lo per dins va ser una experiència «molt interessant, perquè pensava que no hi entraria mai». El que més li va sobtar va ser la imatgeria religiosa, absent a l'islam: «Nosaltres no entenem com es pot resar davant d'una escultura. No es pot parlar amb les pedres, es parla amb Déu», diu. En Miquel i en Tijani mantenen apassionades converses sobre les diferències entre totes dues religions: «Jo no el vull pas convertir, ni ell a mi», assenyala el primer. Des que va arribar, en Tijani no ha deixat mai de practicar el ramadà.

Una altra descoberta cultural va ser la Biblioteca Joan Triadú de Vic, on en Miquel un dia hi va buscar *Tijani* per Internet i li van sortir «6.000 entrades», segons que recorda. «I això que no havia sentit aquest nom fins que el vaig conèixer a ell». En Tijani ja sap que Miquel és un nom molt vigatà, ja que el patró de la ciutat dels sants —ara ja sap a què treu cap aquesta expressió— és precisament sant Miquel dels Sants. I perquè mai els puguin retreure, a tots dos, que són uns mal vigatans, en Miquel fins i tot el va portar, aquest febrer, a la Llotja del Blat de Vic, on s'hi exposaven els plànols del Programa d'Actuació Urbanística Municipal (PAUM) de Vic. «És una bona manera de conèixer Vic i de saber com està previst de cara al futur», remarca en Miquel. Al PAUM, que recull les estratègies urbanístiques de la ciutat per al pròxim sexenni, hi queda palès el creixement demogràfic de Vic, parcialment causat per la immigració. Vic fa temps que és una ciutat que acull nouvinguts i tot apunta que ho continuarà essent.

«T'estic estressant, Tijani?», li demana en Miquel cada vegada que li proposa fer una activitat diferent. «No, no, m'agrada descobrir llocs que no havia vist mai», li respon ell. Fins que no va conèixer en Miquel, en Tijani feia poca vida social: de dilluns a divendres, es limitava a anar de la feina a casa i de casa a la feina, i els caps de setmana només sortia quan es trobava amb els seus companys de l'associació AMIC Amazigh. «No sabia on anar. No sabia que hi ha llocs on també podem entrar», confessa. Ara, cada dimarts quan arriba a la classe de català, la professora, la Llúcia Barba, li demana que expliqui davant dels seus companys què ha fet durant el cap de setmana. La majoria d'ells queden bocabadats: «Volen que en Miquel sigui la seva parella lingüística», diu en Tijani, que no hi cap de satisfacció. En qualsevol cas, als qui no en tenien, l'experiència d'en Tijani els ha servit per decidir-se. «Veuen que m'ho passo molt bé i que ja no em fa vergonya parlar en català», afegeix. En Miquel ho té clar: «L'objectiu és que conegui no tan sols la nostra llengua, sinó també la nostra cultura». I els fets demostren que l'objectiu s'està assolint a una velocitat que supera, amb escreix, les previsions inicials: «Això és com un curset accelerat, però perquè l'alumne té set de coneixement», ironitza en Miquel.

En Tijani va deixar el Nador, la seva família i els seus amics «per millorar la qualitat de vida». En principi no tenia intenció d'instal·lar-se a Osona, sinó que pretenia passar una temporada a Alemanya, on ja hi tenia un germà que l'esperava. Però en arribar a Catalunya va trobar un cosí seu que li va proporcionar una feina. Va viure dos anys sense papers i quan els va tenir tots en regla per continuar el somni europeu, va adonar-se que «aquí s'hi estava molt bé». «Molt bé però en castellà», subratlla un Miquel incisiu, que el burxa constantment: «Ja ho sé, ja ho sé que he perdut el temps durant sis anys! No cal que m'ho recordis!», li respon en Tijani, amb el mateix sentit de l'humor. Curiosament, però, quan va marxar del Marroc ja sabia que a Catalunya s'hi parlava català, «perquè al Nador hi ha un empresari que és molt conegut, que té una bòbila, i que allà tothom li diu el català». En Tijani no sap com es diu, ni qui és, ni d'on ve, «però tothom el coneix perquè és el català», insisteix. També sabia que a Catalunya s'hi parlava «una altra llengua que no era el castellà» perquè al Marroc hi ha penyes madridistes i barcelonistes, i els qui senten els colors del Barça són conscients que és un equip català, «del mateix lloc d'on va venir el constructor». A Bene Sidel, la regió del Nador on vivia, en Tijani hi té la seva promesa, amb qui té pensat casar-se, tot i que no sap «si aquí o allà». El que té clar és que ella ha de venir a Vic i, naturalment, «aprendre català».

Des que parla català, en Tijani ha descobert una altra realitat comarcal. És com si hagués obert les finestres de casa seva i de sobte s'hagués adonat que el carrer ja no és un espai hostil. Un dia una veïna seva es va estranyar quan ell se li va adreçar en català: «Des de quan parles català?», li va demanar, amb certa incredulitat. «Des de fa poc», li va respondre ell. «Ah, doncs me n'alegro molt», va replicar ella. Comentaris com aquests l'omplen de satisfacció: «Abans sentia que la gent d'aquí no m'acceptava. Ara és diferent». En Tijani encara es fa creus que no se n'adonés abans. Però no tota la responsabilitat d'integrar-se ha de recaure en ell. Segons explica, «nosaltres esperem que la gent d'aquí faci el primer pas». I si, com sol passar, els autòctons no s'adrecen als nouvinguts en català, «et pots passar sis anys parlant en castellà». Òbviament ho diu per ell, però el seu cas no és una excepció. Ni tampoc el simple fet de parlar català converteix la convivència en una panacea: «Encara sóc un ciutadà de segona categoria, perquè no puc votar. Ni aquí ni allà. Un dia un amic meu em va demanar què votaria i jo li vaig dir que els que som d'un altre planeta no votem». El sentit de l'humor no es pot perdre mai.

El llibre per dins

Aquest és el relat cronològic de com s'ha gestat *Tots els colors de la llengua*. Els quinze capítols que formen el cos del llibre són el resultat de les entrevistes que vam mantenir durant els mesos de gener i febrer de 2004 amb divuit nouvinguts osonencs i les seves respectives parelles lingüístiques autòctones. Darrere de cadascuna d'aquestes pàgines, però, també s'hi amaguen moltes anècdotes, impressions i vivències que no queden del tot reflectides en els capítols, perquè la nostra intenció era donar veu als autèntics protagonistes del voluntariat lingüístic.

Nosaltres també en som, de voluntaris lingüístics. Compartim estones de cafè i te amb un senegalès, en Babacar Sine, que és un dels personatges que apareix al llibre. Dolors Solà, directora del Centre de Normalització Lingüística d'Osona, ens el va presentar l'octubre passat i vam decidir formar un trio lingüístic. Nosaltres dos, que treballem junts, teníem moltes ganes de participar en aquest projecte però no disposàvem de gaire temps. Per això vam acordar que en comptes de fer una parella, faríem un trio, situació que també es dóna en d'altres voluntaris lingüístics, que fins i tot es troben en grup. En qualsevol cas, en aquells moments no imaginàvem que uns mesos més tard hauríem tingut ocasió de descobrir les experiències d'altres nouvinguts i, el més sorprenent, de poder-les relatar en un llibre.

L'encàrrec de recollir les vivències d'una colla d'immigrants units pel seu desig d'aprendre català ens va arribar pels volts de Nadal. Ens el va formular Edicions l'Àlber, juntament amb el Centre de Normalització Lingüística, i la veritat és que no els va costar gens de convèncer-nos: perquè era una proposta engrescadora i perquè les trobades setmanals amb en Babacar, *Baba* per a nosaltres, havien resultat molt enriquidores.

Aquest llibre que teniu a les mans és el punt final d'un itinerari que vam començar a recórrer a mitjan gener, quan vam iniciar el treball de camp, és a dir, les entrevistes als futurs protagonistes de *Tots els colors de la llengua*. Ara us volem mostrar, en format de dietari, quines dreceres i marrades hem seguit per arribar al destí d'aquest camí.

Dissabte, 17 de gener de 2004

Ens vam estrenar entrevistant la Luz Montoya. Vam quedar al Centre de Normalització Lingüística de Vic, on també hi havia la Marta Borrós, la seva parella lingüística i professora del Centre. No ens coneixíem —havíem contactat amb la Marta per telèfon— i la Luz va arribar tard. Mentrestant, la Marta s'acomiadava dels seus alumnes, entre els quals hi havia en Khalid Elmokhtari, que llavors encara no coneixíem. La Luz es va cohibir quan vam treure l'enregistradora, però la Marta li va dir que ens fes confiança. I després de trencar el gel, de seguida ens va començar a relatar el seu periple des que havia marxat de

Colòmbia fins que va estar ben establerta a Vic. Però no tot el que ens va explicar apareix al seu capítol; nosaltres ho hauríem volgut recollir, perquè pensem que, lamentablement, són situacions bastant freqüents entre els nouvinguts i, per tant, força representatives, però per desig exprés d'ella vam eludir molts d'aquests detalls personals. També ens va sorprendre que parlés tan bé el català, i més tenint en compte que ella procedeix d'un país de parla hispànica. Vam pensar que estava fent un gran esforç per aprendre la nostra llengua i també vam constatar que la Marta Borrós hi havia tingut molt a veure.

El mateix dia a la tarda vam acudir, com ja era habitual des de l'octubre, a la cita setmanal amb en Babacar. Però aquella trobada va ser diferent, perquè no tan sols vam conversar, sinó que també —i sobretot— vam treballar, és a dir, el vam interrogar com si fos la primera vegada que ens vèiem. La situació no deixava de ser curiosa, perquè estàvem prenent un te senegalès amb coca de pinyons catalana al seu pis de Roda de Ter i, alhora, li fèiem explicar amb pèls i senyals detalls de la seva vida que ja ens havia anat comentant. En Babacar era conscient que nosaltres dos exercíem un rol diferent de l'habitual, i sabedor que l'enregistradora estava funcionant i que la seva història seria llegida, parlava com si estigués davant un auditori ple de gent. Aquella tarda vam decidir que, a diferència de la resta de protagonistes del llibre —que hi apareixen amb la seva parella autòctona—, en el cas d'en Babacar, qui li faria de parella seria un bon amic seu, i també nostre, en Marc Riera.

Val a dir que tot i que en Marc no és la seva parella lingüística oficial, n'exerceix, perquè en Marc i en Babacar es troben molt sovint i sempre es comuniquen en català.

Diumenge, 18 de gener de 2004

A dos quarts d'onze del matí, vam quedar a peu de la carretera que condueix al parador de Sau, just a l'altura d'on s'agafa el camí per pujar a Sant Feliuet de Savassona, una ermita romànica ubicada en un turó dins el terme municipal de Tavèrnoles. Del nostre tercer entrevistat —en Tijani Alloui— tampoc no en sabíem res, però teníem una pista, que l'acompanyava en Miquel Saborit, un excursionista de soca-rel. Només hi havia un problema: a en Miquel tampoc el coneixíem. De manera que vam optar per esperar-nos dins el cotxe —la temperatura hi convidava— i estar al cas per si els sabíem identificar. Efectivament, va arribar un vehicle i va aparcar a l'altra banda de la carretera. Del cotxe en van sortir dos nois que, anant molt a la idea, van enfilar el camí cap a l'ermita.

—Tu creus que són ells?

—No. De segur que no.

I vam continuar esperant una estona.

—Tu, potser sí que ho eren, no?

—Potser sí.

—Som-hi, doncs?

I vam pujar cap a Sant Feliuet. En arribar a dalt, ja ens estaven esperant:

—Vosaltres deveu ser els periodistes? —va preguntar, convençut, en Miquel.

En devíem fer cara, perquè ens havien conegut abans ells a nosaltres que no pas nosaltres a ells. Abans de fer l'entrevista, asseguts en un banc a solell amb vistes a la plana de Vic, en Miquel ens va ensenyar l'ermita que la Unió Excursionista de Vic, de la qual és membre, custodia des de fa temps. En Tijani assentia, perquè ja coneixia la història d'aquest indret —en Miquel l'hi havia portat diverses vegades—, i ens va sorprendre quan ens va mostrar el llibre de visites i el va obrir per una pàgina on hi havia una dedicatòria seva, primerament en català i després en tamazigh.

Quan nosaltres vam marxar de Sant Feliuet, ells encara s'hi van quedar una estona més. En arribar a peu de carretera, vam observar que una parella de mossos d'esquadra examinava el nostre cotxe:

—Que passa res? —Els vam preguntar.

—Uns nois han denunciat que els acaben de robar el radiocasset del cotxe. El vostre està bé... No heu pas vist un magribí voltant per aquí?

—No —vam respondre alhora, tot i que en realitat feia escassos minuts que ens havíem acomiadat d'en Tijani, amb qui havíem conversat durant tres llargues hores. La pregunta ens va descol·locar: per què estaven tan segurs que l'autor del robatori havia estat un magribí? Vam pensar que era injust i que acabàvem de ser testimonis dels prejudicis que encara hi ha respecte als nouvinguts.

Dissabte, 24 de gener de 2004

A les cinc de la tarda vam quedar davant del Centre

de Normalització Lingüística. Com ja començava a ser habitual, van ser ells els qui ens van reconèixer a nosaltres. Ells eren en Romà Mateu, en Roger Rapp i la Yakshi Vadeboncoeur. La filla d'en Romà, la Betlem, no hi va poder assistir. Vam anar en un cafè, vam començar a conversar i quan en Roger i la Yakshi ens van dir que feia mig any que estaven establerts a Vic, vam quedar bocabadats: es feien entendre perfectament! De fet, ja ens havia captivat que entre els possibles entrevistables per elaborar el llibre hi hagués aquesta parella de mitjana edat de l'Estat nord-americà de Califòrnia; massa sovint associem la immigració només a països del continent africà. Mentre parlàvem, el propietari de l'establiment on érem se'ns va atansar i ens va demanar, discretament, què estàvem fent: li havia cridat l'atenció l'accent d'en Roger i la Yakshi, i els seus esforços per parlar en català. Li vam explicar què era el voluntariat lingüístic i aleshores va dir que a ell també li interessaria fer-se voluntari. I ens va fer portar una plata de pastes. Com que en Roger i la Yakshi ens van explicar que un dels seus tres fills, la Jocelyn, vivia amb ells a Vic, i que també havia après català, vam quedar que un dia els aniríem a veure a casa seva.

En sortint del bar, ens vam trobar amb una trucada perduda al mòbil. Era en Miquel Saborit, que ens deia que amb en Tijani havien anat a visitar el Museu Episcopal de Vic (MEV). I hi vam fer cap. El guàrdia de seguretat del museu ens va dir que estaven a punt de tancar, però nosaltres vam insistir que havíem quedat amb dos nois.

—Ah! Sou els periodistes? Ja ens ho han comentat, que vindríeu. Ara els avisem...

I efectivament, en pocs minuts van aparèixer, i ens vam afegir a la visita. En acabar, vam anar a prendre un altre cafè, tots quatre, en un altre bar, on vam conèixer l'Abdelaziz Bouziane, amic d'en Tijani, al qual teníem previst entrevistar la setmana entrant.

Diumenge, 25 de gener de 2004

Amb l'Adomako Kwaku i l'Elena Ramos havíem concertat trobar-nos a les set de la tarda a sota el rellotge de l'Ajuntament de Vic. L'Adomako va arribar puntualíssim a la cita i, en aquest cas, no vam tenir cap dubte: no hi ha gaires homes de color que un diumenge a la tarda del mes de gener s'esperin a peu dret a sota les voltes de la plaça Major de Vic. Amb l'Adomako i l'Elena també vam anar a un bar —és el millor lloc per quedar amb persones que no coneixes, oi?— i, quan el cambrer va venir a demanar-nos què volíem, vam presenciar una escena digna de reproduir:

—Una fanta —va dir l'Adomako.

—*De naranja o de limón?* —li va preguntar el cambrer.

L'Adomako no va saber respondre. Ens va mirar, primerament a l'Elena i després a nosaltres dos, i va fer un gest d'incomprensió:

—Què ha dit? —va deixar anar.

I l'Elena, que ja hi està acostumada, va dir-nos, a nosaltres, i al cambrer, que l'Adomako no entenia gens el castellà.

—De taronja o de llimona? —va rectificar el cambrer.

—De taronja —va respondre ell, amb la satisfacció d'entendre el que li deien i de ser entès.

Per què la gent s'adreça als immigrants en castellà? Per què pressuposem que ens entendran millor? Tan poca autoestima lingüística tenim que optem per parlar-los en castellà, com si tinguéssim la certesa que d'aquesta manera segur que ens entendran? Aquestes i d'altres preguntes ens les fem nosaltres però també se les fan ells, els nouvinguts, els qui aprenen català i que, amb aquests hàbits tan poc edificants, lamenten que no tinguin ocasió de practicar-lo tan sovint com ells voldrien.

En aquella trobada també vam constatar que els clients de les taules del voltant ens observaven, força encuriosits: encara no és normal anar a fer el got, un diumenge a la tarda, amb un amic ghanès.

Dilluns, 26 de gener de 2004

A les set de la tarda de l'últim dilluns del mes de gener, la selecció del Senegal jugava contra Burkina Fasso. El partit el televisaven per un canal digital i en Babacar el va anar a veure a casa d'en Marc Riera. Nosaltres també hi vam assistir. A en Babacar li faltava una setmana justa per marxar de viatge al seu país. Estava eufòric, per això i per poder seguir amb amics el matx de la seva selecció. Ens va sorprendre que s'havia rapat els cabells i es tapava el cap amb una gorra, que no es va treure en tota l'estona.

—*Baba,* per què t'has tallat els cabells? —li vam preguntar.

—Perquè me'n vaig tot un mes al meu país —va respondre ell.

Quan es va acabar el partit, pels volts de les nou del vespre, en Babacar ja marxava cap a la feina —treballa de nit. Els pares d'en Marc, però, el van emplaçar a dinar plegats el diumenge següent, just el dia abans d'anar-se'n al Senegal.

Dimarts, 27 de gener de 2004

El dissabte anterior, amb en Roger i la Yakshi havíem quedat que un vespre de la setmana següent passaríem per casa seva per conèixer la seva filla Jocelyn. Dimarts, sortint de la feina, hi vam passar. La nostra idea era que ens la presentessin i que parléssim una estoneta. Però ens van convidar a sopar, i vam poder llepar-nos els dits amb un àpat típicament californià. La Yakshi és una cuinera excel·lent i fins i tot es fa el pa. Aquell vespre en Roger no hi era, però, en canvi, vam compartir taula amb la Yakshi, la Jocelyn i dues amigues de la família: una vigatana que practicava l'anglès i una americana que havia estudiat castellà i que volia aprendre el català. La jove passava una temporada amb la família, ja que la Yakshi havia estat professora seva a Califòrnia.

La Jocelyn ens va explicar que jugava a futbol amb l'equip femení del Remei de Vic i ens va convidar a veure un partit. I nosaltres vam pensar que li podríem dedicar un capítol.

—Has anat mai al camp del Barça? —li vam demanar.

—Sí, però només al Museu —va respondre.

—Doncs un dia hi anirem —li vam dir—, però a canvi volem que la teva mare ens doni la recepta del pastís de poma que ha fet avui.

—D'acord.

—Fet.

Dissabte, 31 de gener de 2004

El matí que vam quedar amb l'Abdelaziz Bouziane, *Aziz* pels amics, ja sabíem quina cara feia, perquè havíem coincidit amb ell la tarda que tornàvem del Museu Episcopal de Vic amb en Tijani i en Miquel. L'Aziz, que és la parella lingüística d'en Francesc Codina, ens va fer una lliçó magistral de la cultura amazigha, tan desconeguda per a nosaltres, malgrat que la majoria dels marroquins que arriben a Osona són amazighs i, per tant, parlen el tamazigh. Mentre esmorzàvem tots quatre, va arribar en Khalid, que juntament amb altres alumnes, feien un descans de les classes de català. En Khalid també és amazigh i, naturalment, coneix l'Aziz. Nosaltres ens vam presentar i li vam recordar que el dilluns següent teníem una cita amb ell i amb la seva parella lingüística, l'Imma Pineda.

La tarda d'aquell mateix dissabte vam anar de bòlit. Havent dinat, vam desplaçar-nos a Roda de Ter per acomiadar-nos d'en Babacar, perquè el dilluns següent marxava cap al Senegal. A casa seva no hi vam poder estar gaire estona, perquè al cap d'una hora havíem quedat amb l'Olga Chouchkova i en Jordi Casadevall. No obstant això, en Babacar ens va voler fer una fotografia per poder ensenyar-la a la seva família. Però a la càmera digital que s'acabava de comprar encara no hi havia piles.

—Ja veig que no tinc tots els preparatius a punt —es va lamentar.

—Doncs ja cal que t'afanyis. Emporta't piles de recanvi, perquè quan tornis nosaltres sí que volem veure fotos de la teva família.

Ell també anava de bòlit. Esperava uns amics seus del Senegal que viuen a Terrassa i que feia cinc hores que havien d'haver arribat. Per això, en *Baba* anava vestit amb la indumentària típica del seu país, una mena de pijama amb colors vius i llampants. Li vam desitjar bon viatge i vam marxar escopetejats cap a la plaça Major de Vic, on ens esperaven l'Olga i en Jordi. Anàvem tard i ells ja feia estona que ens esperaven. Com que vam creuar la plaça a corre-cuita, no ens vam adonar que ens apropàvem cap a ells dos, que tampoc coneixíem, però quan van ser davant nostre, vam pensar que segurament ho devien ser:

—Sou l'Olga i en Jordi? —vam preguntar, a contrarellotge, per provar sort.

I ho eren. Ens vam disculpar pel retard i vam anar per feina. En Jordi, que tot sovint viatja, ens va comentar que no deixa de sorprendre'l que en altres països, a diferència d'aquí, la gent sigui poliglota. Una afirmació que dóna peu a moltes reflexions.

Dilluns, 2 de febrer de 2004

Eren les deu del matí i la boira cobria la plaça Major

de Vic, però aviat vam identificar la María Luisa i la Maria Vila. Mentre en Jordi Cabanas, el fotògraf que ha immortalitzat totes les parelles lingüístiques que apareixen al llibre, els feia la sessió de fotos, va travessar la plaça en Jordi Casadevall, que havíem conegut el dissabte anterior:

—Ei, què feu per aquí? —ens va preguntar, com si ja ens coneguéssim de tota la vida.

—Hem quedat amb una altra parella lingüística —vam respondre.

—Ah! La María Luisa també ho és? Carai, quina casualitat!

Realment el món és molt petit.

Tres hores més tard, conversàvem amb la Jenny Köhler i la Montse Bové en un altre bar. Aquest dilluns fèiem festa i aprofitàvem per donar una empenta al llibre. Al vespre encara teníem una altra cita: havíem quedat amb en Khalid i l'Imma. La nostra sorpresa va ser quan a ell el vam veure arribar vestit amb una gel·laba blanca. Llàstima que no hi havia el fotògraf, vam pensar, perquè havíem acordat fer la fotografia un dissabte al matí al mercat de la plaça Major de Vic.

Dimecres, 4 de febrer de 2004

A les tres de la tarda vam atansar-nos al bar on cada dimecres es troben per fer el cafè la Mercè Pinto, la Sandra Robert, la Vicky Terricabras, la Gabriela Calvar, la Carme Peix, la Marisa Amici, la Marta Marly i la Piedad Rubio. L'entrevista que vam mantenir amb totes vuit no va tenir res a veure amb les que havíem fet fins llavors: érem 11 persones compartint taula —elles vuit; en Pau, el fill de la Gabriela, i nosaltres dos— i les converses s'entrecreuaven. No donàvem a l'abast. Però en una hora, que és la que elles es dediquen mútuament cada setmana, vam descobrir la complicitat que s'havia creat entre aquest grup de noies, que tenen en comú una actitud extraordinàriament positiva envers el català.

Dissabte, 7 de febrer de 2004

Aquell dia al matí vam assistir a una classe d'iniciació a la llengua de les que s'imparteixen al Centre de Normalització Lingüística. A l'aula hi havia una cara coneguda: en Khalid, però també vam fer noves coneixences: en Leonardo, l'Stefan, la Luz, l'Orlando, en Hayford i en Harhay. Alguns tenen parella lingüística; d'altres, no. Però tots mostraven un gran interès per expressar-se millor en català. Per nosaltres va ser una experiència molt enriquidora, sobretot en constatar la bona predisposició i el sentit de l'humor de tots els assistents.

—D'aquestes classes també en surten amistats —ens va dir la Marta, la professora.

Sortint, mentre en Khalid ens intentava dir que havia escrit un poema nou, en Harhay, que és ucraïnès, ens va començar a narrar la seva vida... Vam acomiadar-nos d'en Khalid i ens vam quedar a parlar amb en Harhay. Realment ens va captivar. Aquestes casualitats demostren que travessar el llindar de les cultures no és tan difícil com sembla. N'hi ha prou posant-hi bona voluntat. I el resultat és apassionant.

Dilluns, 9 de febrer de 2004

Amb la María Ángeles Álvarez i la Conxita Mesa també ens vam citar un dilluns, però a la tarda. Mentre la María Ángeles ens explicava que tenia dos fills, un d'ells va aparèixer casualment al bar. Es van saludar de lluny, però ell va tenir vergonya de venir fins a nosaltres. Ella també en tenia, de vergonya, però de parlar en català amb nosaltres. Tot i així, al cap de dos minuts ja se n'havia oblidat. L'espontaneïtat i una bona actitud receptiva, que totes les parelles autòctones entrevistades van manifestar, són elements clau per a fomentar l'ús social del català.

Dissabte, 14 de febrer de 2004

El capítol sobre en Williams —que és el nom fals de l'últim entrevistat— va *ballar* fins als darrers dies, ja que ell no veia prou clar explicar la seva vida en un llibre, tenint en compte que encara no té els papers arreglats. Però al final, gràcies a la tenacitat de la seva parella lingüística, en Toni Coromina, va accedir a parlar amb nosaltres, sempre i quan mantinguéssim el seu anonimat. I la veritat és que la conversa va ser molt agradable, tot i que en alguns moments va quedar palès que tenia por: per exemple, quan li vam demanar a quin país europeu havia arribat en deixar Costa d'Ivori, ens va dir que no ho volia revelar. Per nosaltres, aquest testimoni té una significació especial, perquè molts immigrants es troben en la mateixa situació que ell; és a dir, sense papers, en un país desconegut i treballant en condicions precàries per poder sobreviure. Agraïm l'esforç que va fer en Williams per trencar aquesta barrera de la por.

Dissabte, 21 de febrer de 2004

Ens quedava pendent la promesa d'anar a veure un partit de futbol de la Jocelyn, la filla d'en Roger i la Yakshi. Hi vam anar aquell dissabte a la una del migdia. No va ser un bon dia, perquè plovia i perquè l'equip del Remei va perdre el partit. No obstant això, vam poder copsar com la Jocelyn s'havia integrat al conjunt vigatà i com els seus pares seguien amb atenció el desenvolupament del matx. Al principi de la segona part, darrere d'una porteria, el pare d'una de les jugadores, en veure que preníem notes, se'ns va acostar per demanar-nos què estàvem fent.

—Un reportatge —li vam respondre.

—Sobre futbol femení? —va preguntar.

—No exactament—. I li vam explicar de què es tractava. Ho va trobar molt interessant i va voler-nos explicar una anècdota, segurament no perquè sortís al llibre, però nosaltres la hi hem inclòs:

—Jo tinc un taller i un dia vaig haver d'enviar un operari a una altra empresa a fer una feina. Els vaig enviar un noi magribí i l'amo de l'empresa em va trucar per dir-me: «Tu! Qui m'has fet venir?» I jo li vaig contestar que «un operari». Potser com que no s'esperava aquesta resposta, no va dir res més. Al cap d'una estona em va tornar a telefonar per dir-me que havia fet la feina molt ben feta i que n'estava molt content.

Diumenge, 29 de febrer de 2004

Per tal que les parelles lingüístiques protagonistes del llibre es coneguessin entre elles, vam organitzar una excursió l'últim diumenge de febrer. La crònica d'aquesta sortida l'hem ressenyada al capítol introductori. Per tant, el llibre comença cronològicament al revés. I, si heu arribat fins al final, haureu observat, també, que l'ordre dels capítols no segueix una temporalitat lineal. Els hem enllaçat a partir de criteris relacionals que vam anar descobrint a mesura que el llibre s'anava gestant.

Diumenge, 7 de març de 2004

El Centre de Normalització Lingüística d'Osona i la directiva del Futbol Club Barcelona van arribar a un acord perquè una representació de les parelles lingüístiques que apareixen al llibre poguessin assistir a un partit del Barça. Va ser el Barça-Mallorca, que es va jugar el diumenge 7 de març. El partit es va disputar quan el llibre ja era a impremta, però estava previst que les parelles poguessin presenciar-lo des de la Llotja i que fossin rebudes pel president del club, Joan Laporta. Ens hauria agradat poder recollir la sortida al Camp Nou en aquestes pàgines, però l'important –i el que, de fet, ens fa sentir feliços– és que amb aquesta visita s'haurà fet realitat el somni d'alguns dels protagonistes d'aquest llibre, com el de la Jocelyn.

Ara ens passa una cosa. Des que vam conèixer els protagonistes de *Tots els colors de la llengua,* hem coincidit diverses vegades amb alguns d'ells o elles, tot passejant o feinejant per Vic. Probablement abans de fer el llibre també havíem coincidit, però aleshores encara no sabíem qui eren, com es deien, d'on venien, què pensaven, què sentien i què estaven fent per integrar-se a la nostra societat. Un dia en Khalid va topar amb un de nosaltres dos —no sempre anem junts a tot arreu!— i va preguntar:

—Puc afegir una cosa al llibre?

—Ostres, Khalid, ja no hi som a temps.

—És que volia dir que quan vaig a classes de català és com si estigués amb la meva segona família...

—En algun lloc del llibre ho posarem.

Ens hi vam comprometre i per això ara us ho hem explicat. Tan sols per una anècdota com aquesta, ja ha valgut la pena escriure *Tots els colors de la llengua.*

Mariona Casas i Agustí Danés
Febrer de 2004
Les Masies de Voltregà / Manlleu

ADOMAKO. L'Adomako Kwaku és un ghanès de 34 anys que en fa tres que va arribar a Vic, després de viure una dècada a Alemanya. No hi entén un borrall de castellà, però parla àkan, anglès, alemany i, des de fa uns mesos, una mica de català. Treballa de mecànic i ara està estudiant per treure's el carnet de conduir (naturalment en català). L'hi ajuda l'Elena Ramos, una advocada nascuda a Madrid que ara viu a Vic i que li fa de parella lingüística. L'Adomako és feliç a Osona, on ha observat que si parla català, se sent més integrat. És soci de la Biblioteca Joan Triadú de Vic i, sempre que pot, hi va a buscar vídeos i cassets per aprendre català. A la fotografia, l'Adomako i l'Elena, consultant un llibre a la biblioteca esmentada.

JENNY. La Jenny Köhler és una alemanya de 24 anys que podria passar per andalusa. Als 10 anys els seus pares es van comprar una casa a Granada, on anys després ella va conèixer el seu xicot, que ara viu a Vic. Per això vol aprendre català, perquè hi passa algunes temporades. Llicenciada en traducció i interpretació, la Jenny no té massa dificultats lingüístiques, però conversar amb la Montse Bové li serveix per a practicar el català oral. Fins i tot s'ha adonat que hi ha paraules en català que s'assemblen més a l'alemany que al castellà. La Jenny —a l'esquerra— i la Montse solen trobar-se per prendre un cafè i passejar per Vic, com a la fotografia, que travessen el riu Mèder per la passera del barri del Remei.

AZIZ. L'Abdelaziz Bouziane, *Aziz* per als amics, va deixar el Nador el 1991, quan tenia 23 anys. Amb el seu primer jornal es va comprar una guitarra, per pal·liar, a través de la música, l'enyorament envers la seva terra i la seva gent. L'Aziz, que és amazigh, no ha volgut perdre les arrels, però paral·lelament no ha deixat d'arrelar al país que l'ha acollit. Per això està aprenent català. Creu que el voluntariat lingüístic és el pas definitiu, no tan sols per conèixer la llengua, sinó també per familiaritzar-se amb la cultura catalana i fer noves amistats. Entre aquestes hi ha en Francesc Codina, la seva parella lingüística. Sovint es troben per fer petar la xerrada en un bar amazigh de Vic (a la fotografia, l'Aziz —a la dreta— i en Francesc, davant del bar).

BABACAR. Nascut al Senegal, en Babacar, de 34 anys, viu a Roda de Ter des de l'agost de 2003. Quan va acabar la carrera de filologia hispanoamericana a la Universitat de Dakar, va sol·licitar una beca per fer el doctorat a la Complutense de Madrid. La va obtenir i s'hi va instal·lar. Hi va estar tres anys. A més d'estudiar, feia de lector i corrector per a l'editorial Planeta. Quan se li va acabar la beca, però, necessitava una feina més estable. I va ser llavors quan, a través d'uns amics de Roda de Ter que ell havia conegut quan feia de guia turístic al Senegal, va traslladar-se a Catalunya. Treballa al torn de nit d'un magatzem de distribució. A la foto, a casa d'un dels seus amics, en Marc Riera, veient per la televisió el partit entre el Senegal i Burkina Fasso de la Copa d'Àfrica, el 26 de gener de 2004.

ROGER I YAKSHI. Roger Rapp i Yakshi Vadeboncoeur, tots dos de 53 anys, s'han establert a Vic juntament amb la seva filla Jocelyn, procedents de Califòrnia per treballar amb Raimon Pannikar. En poc més de mig any no tan sols han estat capaços d'entendre el català, sinó que fins i tot el parlen. Part de *culpa* és de la parella lingüística que tenen: en Romà Mateu i la seva filla Betlem. A més de parlar, fan excursions per conèixer la cultura i el país. A la foto, tots quatre —d'esquerra a dreta, la Yakshi, en Roger, en Mateu i la Betlem— travessant el pont basculant de Rupit en una excursió que van fer a principis de 2004 per conèixer el poble.

JOCELYN. Aquesta americana de 13 anys va arribar a Catalunya per imperatius familiars. Els seus pares, en Roger Rapp i la Yakshi Vadeboncoeur, van instal·lar-se a Vic per raons de feina. I ella va haver de venir de paquet. Superades les dificultats dels primers dies, ara està plenament integrada a Vic. Tant que fins i tot juga a futbol a l'equip femení del Remei —a la foto, la Jocelyn amb la pilota en un moment del partit contra el Sabadell, el 21 de febrer de 2004. De fet, és a través de l'esport que ha fet moltes amigues. Amb totes elles, hi parla en català, l'idioma que ha après a l'escola en poc més de mig any.

LUZ. El carnet d'identitat de la Luz diu que té 36 anys, però quan explica la seva vida, sembla que n'hagi viscuts molts més. Casada i amb un fill, va marxar tota sola de Colòmbia després que un terratrèmol sacsegés el país. Hi buscava la felicitat per a ella i la seva família. El que no sabia és que el viatge seria ple d'entrebancs. Ara viu a Vic amb el seu fill, té feina i ganes de tirar endavant. Per ella, la Marta Borrós és més que una parella lingüística. És l'amiga que sempre li ha estés la mà en els moments difícils. A la foto, totes dues —la Luz és la de l'esquerra— passejant als afores de Vic.

LA CLASSE. Tots els protagonistes d'aquest llibre són alumnes del Centre de Normalització Lingüística d'Osona. En Khalid, per exemple, va a classe els dissabtes al matí. El Centre també és un espai de relació, on els alumnes tenen ocasió de conèixer altres nouvinguts com ells, que tenen en comú el mateix interès per aprendre català. Les classes són més teòriques que les sessions de voluntariat lingüístic, però tothom les espera amb candeletes, perquè del que es tracta és d'aprendre passant-s'ho bé. La fotografia correspon a la classe del 28 de febrer de 2004 i la professora és la Marta Borrós, que també és voluntària lingüística. Els alumnes són, d'esquerra a dreta i de davant a darrere, Serguey i Olga (tots dos de les exrepúbliques soviètiques), Jesús (Guinea Equatorial), Orlando (Perú), Stefan (Alemanya), Luz i Adrián (tots dos de Colòmbia) i Khalid i Tufik (tots dos del Marroc).

KHALID. En Khalid Elmokhtari té una vida social molt activa des que va conèixer l'Imma Pineda, la seva parella lingüística. Ell té 22 anys i va arribar a Vic l'agost del 2002. Ara treballa en una granja, però el seu desig és trobar una feina com a soldador, que és l'ofici que va estudiar al Nador. També és amazigh i escriu poemes en la seva llengua, que algun dia espera publicar. En Khalid és poc parlador, però posa molta voluntat per aprendre català. Sempre porta una llibreta rebregada on hi anota les noves paraules que aprèn. I amb l'Imma, la llista de mots nous cada vegada és més llarga, com també la de llocs de la comarca que han visitat junts. A la fotografia, tots dos passejant pel mercat de Vic, un dissabte del mes de febrer de 2004.

OLGA. Nascuda a Bakú, la capital de l'Azerbaidjan, l'Olga Chouchkova en va haver de marxar per culpa de la guerra. Se'n va anar a viure a Volgodonsk (Rússia) fins que, a través d'una seva germana, va tenir l'ocasió de traslladar-se a Vic. Tot i ser economista, ara treballa en el servei domèstic. I no li cauen els anells. Se sent a gust a Catalunya —ara el seu fill i la jove també hi viuen—, i està aprenent el català amb un bon mestre, en Jordi Casadevall, un apassionat de viatjar i conèixer món, amb qui es troba un cop a la setmana per fer-la petar. A la foto, l'Olga i en Jordi, la seva parella lingüística, al Centre de Normalització Lingüística de Vic.

EL CAFÈ. La Mercè, la Sandra, la Vicky, la Gabriela, la Carme, la Marisa, la Marta i la Piedad —a la fotografia d'esquerra a dreta— són vuit noies que es troben cada dimecres a les tres de la tarda en un bar de Vic. I parlen de tot: de política, de la família, de les vacances, de les festes... Només amb una condició: fer-ho en català. Durant una hora, al voltant d'una taula i prenent-se un cafè, quatre catalanes (la Mercè, la Vicky, la Carme i la Marta) posen el seu granet de sorra perquè tres argentines (la Sandra, la Gabriela i la Marisa) i una andalusa (la Piedad) ho tinguin una mica més fàcil per aprendre la llengua del país on viuen. A les trobades hi tenen un convidat: en Pau, el fill de nou mesos de la Gabriela, que va néixer als Estats Units, i que és fill de mare argentina i pare català. Una síntesi del mestisatge cultural de la nova societat.

MARÍA LUISA. La María Luisa va néixer a Alacant fa 58 anys i ha viscut a Algèria, França i Veneçuela. De Catalunya, s'ha establert a Barcelona i a la Costa Brava, però no va ser fins que va arribar a Vic que va descobrir que havia d'aprendre català. Està molt contenta de poder practicar amb la Maria Vila, la seva parella lingüística, que s'autodefineix com una «vigatana catalanista». La María Luisa viu a la Casa de les Germanetes de la Caritat de Vic i, tot i que encara no s'atreveix a parlar en català amb els residents, no dubta que d'aquí a un temps ho podrà fer. A la fotografia, la María Luisa —a l'esquerra— i la Maria prenent un cafè en un bar de la plaça Major de Vic, un matí boirós del mes de febrer.

MARÍA ÁNGELES. A la María Ángeles, de Salamanca i amb 49 anys, la dissort de quedar-se a l'atur li ha permès disposar del temps que sempre havia desitjat per poder estudiar català. Va treballar tres dècades a la fàbrica de Puigneró de Sant Bartomeu del Grau i l'estiu passat, en tancar la planta, va pensar que era el moment d'aprendre català. La seva parella lingüística és la Conxita Mesa, una vigatana de 59 anys amb vocació de mestra, molt conscienciada amb el país, que aplaudeix que la seva nova amiga s'hagi decidit a fer el pas. A la fotografia, totes dues —la María Ángeles és la de l'esquerra— en una de les trobades setmanals, llegint i comentant un diari en català.

WILLIAMS. En Williams —és un nom fals per preservar la seva identitat, perquè no té papers— va marxar de Costa d'Ivori amb només 29 anys per buscar un futur millor. I va anar a espetegar a Vic, on treballa més hores que un rellotge, en un escorxador. Per ell, aprendre la llengua és una prioritat per prosperar i comprendre millor la societat en què viu. Mentrestant, està al dia de tot el que passa al món a través de la ràdio i el teletext de la televisió. Amb en Toni Coromina, la seva parella lingüística, es troben cada dissabte a la tarda. En Toni, que és periodista, li porta textos. Els llegeixen i els comenten. A través de la paraula diuen que s'enriqueixen mútuament. A la foto, en Williams, d'esquena, conversant amb en Toni.

TIJANI. En Tijani Alloui, de 35 anys, ha descobert tot un nou món. Després de sis anys de viure a Vic i d'anar de casa a la feina i de la feina a casa, en Miquel Saborit, la seva parella lingüística, li ha obert un nou horitzó. Amb ell cada cap de setmana se'n van a Sant Feliuet de Savassona —en Miquel n'és un dels ermitans— o fan excursions amb l'objectiu que, a més de la llengua, també conegui la cultura i el país. Una de les visites que han fet ha estat al Museu Episcopal de Vic, on en Tijani no havia entrat mai, tot i que havia treballat com a paleta en la seva construcció. A la foto, en Tijani —a l'esquerra— i en Miquel a Sant Feliuet.

Els protagonistes del llibre

Aquesta fotografia de grup correspon a la sortida organitzada l'últim diumenge de febrer de 2004 per tal que els protagonistes del llibre es coneguessin entre ells. L'excursió va ser a Sant Feliuet de Savassona (Tavèrnoles), on en Miquel Saborit i en Tijani Alloui —que hi van cada cap de setmana— van fer de guies a la resta de les parelles lingüístiques. A la trobada no hi van poder assistir tots els protagonistes, però sí la majoria, a més d'altres persones vinculades familiarment amb les parelles que apareixen al llibre. Hi van ser presents:

1. Mustafà Bouziane, germà de l'Aziz.
2. Iman, filla de l'Aziz.
3. Williams D'Nong.
4. Conxita Mesa.
5. Jocelyn Rapp.
6. María Ángeles Álvarez.
7. Khalid Elmokhtari.
8. Montse Bové.
9. Imma Pineda.
10. Jenny Köhler.
11. Maria Vila.
12. Juan Ramon Cortés (company de la Jenny).
13. María Luisa Membrive.
14. Mercè Pinto.
15. Marisa Amici.
16. Olga Chouchkova.
17. Jordi Casadevall.
18. Elena Ramos.
19. Ferran Jaén (marit de l'Elena).
20. Carme Peix.
21. Toni Coromina.
22. Dolors Solà.
23. Betlem Mateu.
24. Roger Rapp.
25. Llúcia Barba (professora del Centre de Normalització lingüística d'Osona).
26. Yakshi Vadeboncoeur.
27. Romà Mateu.
28. Fàtima Hartal.
29. Mariona Casas.
30. Agustí Danés.
31. Imma Reixach (companya de Jordi Casadevall).

A la fotografia hi falten, per tant, l'Adomako Kwaku, l'Aziz Bouziane i en Francesc Codina, en Babacar Sine i en Marc Riera, la Luz Montoya i la Marta Borrós, la Gabriela Calvar i la Vicky Terricabras, la Sandra Robert, la Piedad Rubio i la Marta Marly. Tampoc hi són en Tijani Alloui i en Miquel Saborit, que sí que van participar a l'excursió —de fet, van ser-ne els guies—, però la instantània va ser presa a Vic i ells dos ja eren a dalt l'ermita.

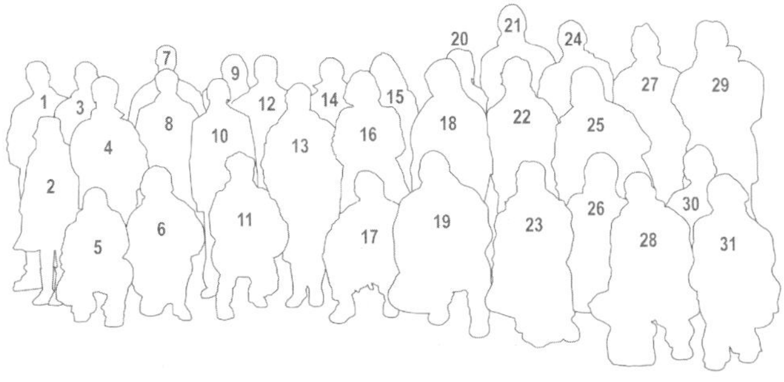